本书出版受到广州华商学院学术著作出版资金资助

本书编委会

文学院专业学习导论

陈少华◎主编

暨南大学出版社
JINAN UNIVERSITY PRESS

中国·广州

图书在版编目（CIP）数据

文学院专业学习导论 / 陈少华主编. -- 广州 ： 暨
南大学出版社，2024. 12. -- ISBN 978-7-5668-4065-3

Ⅰ. H19

中国国家版本馆 CIP 数据核字第 2024PZ4599 号

文学院专业学习导论
WENXUEYUAN ZHUANYE XUEXI DAOLUN
主　编：陈少华

- -

出 版 人：阳　翼
责任编辑：武艳飞　林玉翠
责任校对：林　琼
责任印制：周一丹　郑玉婷

出版发行：暨南大学出版社（511434）
电　　话：总编室（8620）31105261
　　　　　营销部（8620）37331682　37331689
传　　真：（8620）31105289（办公室）　37331684（营销部）
网　　址：http：//www. jnupress. com
排　　版：广州市新晨文化发展有限公司
印　　刷：广东广州日报传媒股份有限公司印务分公司
开　　本：787mm×1092mm　1/16
印　　张：13. 25
字　　数：255 千
版　　次：2024 年 12 月第 1 版
印　　次：2024 年 12 月第 1 次
定　　价：49. 80 元

前　言

　　汉语言文学专业在中国大学的学科体系中，是最古老的专业之一。自 1903 年京师大学堂开设文、法、经、农、工、商、医、格致八科，历经百余年的发展与演变，汉语言文学专业仍是人文学科中最基础的学科门类。作为中国学生，学习汉语的语言学知识、汉语写作或翻译的文学以及文艺理论，并不是件难事。学生自幼年起就接触语文教育与阅读，在入大学之前已涉猎不少语文知识。如果说大学教育之前的语文是知识性的介绍与训练的话，大学汉语言文学专业的文学课程则是以综合性的人文素养为培养目的。而文学的审美鉴赏能力是需要培养的。如文艺理论主张文学即人学，这意味着以文学为研究对象的理论范畴，几乎囊括人文学科的各类理论。

　　广州华商学院文学院共有两个文科专业——汉语言文学和汉语国际教育。这两个专业的人才培养方向分别是朝内与朝外。汉语言文学专业的学生主要是以汉语言为母语的中国人，其日后走上岗位也多是对接国内文化圈层中的各行各业；而汉语国际教育专业则是培养掌握扎实的汉语基础知识，具有较高的人文素养，具备中国文学、中华文化、跨文化交际等方面专业知识与能力，能在国内外各类学校从事汉语教学，在各职能部门、外贸机构、新闻出版单位及企事业单位从事与语言文化传播交流相关工作的专门人才，学生毕业后所从事的对口工作需要面对不同的文化语境。实际上，汉语国际教育专业当是在汉语言文学专业的基础上兼具国际视野与跨文化视野。因此，其在课程设置方面既有与汉语言文学专业重叠的地方，也有自身的独特性。

　　人文学科不是学习改造世界的技术，而是解决人内在世界的问题，寻找人活着的意义。所以不论是汉语言文学专业还是汉语国际教育专业，最终想要培养的是一个完整的、内心丰富的、有趣有用的人。大学生在本科阶段要学习的是进入专业领域的系统知识建构与专业思维能力，从而形成自己感知和理解世界的思辨方式。为帮助新入学的同学快速了解专业知识、课程内容基本体系以及学习、学分的要求等，文学院特组织院内资深教师编撰了本书，希望对各位同学有所帮助，也希望各位同行提供宝贵的建议与意见！

陈少华

2024 年 9 月 20 日

广州华商学院文学院简介

广州华商学院文学院目前设有汉语言文学和汉语国际教育两个本科专业，在校学生 4827 人。汉语国际教育专业为省级课程思政试点专业，汉语言文学专业为校级一流专业；中国语言文学学科为校级重点建设学科，语言文学研究院为校级研究院；中国古代文学教研室为省级教研室；现有省级一流课程 3 门，国家社科基金项目 2 项，教育部人文社科规划项目 2 项，广东省普通高校人文社科重点研究基地 1 个，省级教研、科研项目 18 项。

文学院现有教职工 150 人，其中专任教师 122 人，含教授 31 人、副教授 13 人、讲师 26 人、助教 48 人；具有博士学位的教师 30 人、具有硕士学位的教师 103 人；二级教授 3 人，博士生导师 5 人、硕士生导师 15 人。另外，全国"明德教师奖"获得者 1 人，"南粤优秀教师" 2 人，"广东民办教育优秀教师" 1 人，"全国优秀教师" 1 人，广东省"千百十工程"培养对象 2 人，"双师型"教师 5 人。同时还聘请了中山大学、暨南大学、广东财经大学、广州大学等高校 30 余名教师为兼职教师，形成一支专业结构、学历结构、职称结构均较合理、实力雄厚的师资队伍。文学院立足于广东省及粤港澳大湾区社会经济发展需求，秉承"应用型、国际化、开放式"的理念，积极推进学科建设、专业建设与教学改革，致力于培养理论基础扎实、具有较强专业技能和创新精神的应用型人才。

文学院秉承以优秀博雅文化的接受传承为基础，以文化创意能力、写作能力和口语表达能力的培养为重点，兼顾师范素质和国际视野"五位一体"的办学理念，努力提高教学质量，逐步形成了自己的办学特色：一是注重培养学生扎实的语言文字功底和较高的文学修养，狠抓口头和书面表达能力的提升。二是注重基本技能的培养和实践教学环节，精讲多练。文学院建有语言实验室、普通话训练与测试室、微格训练室、写作实训室、中文作文教学与测评智能系统和一批校外实习基地。三是注重传播中国优秀文化，培养汉语教学能力和数字化教学资源制作能力并重的实践型人才。四是重视双语教学，培养汉英双语能力突出和中外文化知识兼备的复合型人才。

文学院培养的学生综合素质较高，考研录取率逐年上升，2022 年、2023 年和 2024 年共有 144 人考上中国传媒大学、北京语言大学、中国艺术研究院、华中师范大学、湖南师范大学、上海师范大学、山西大学、华南师范大学、英国诺丁汉大学等国内外知名高校的研究生。先后有多名毕业生通过国家汉办选拔，被派往拉脱维亚、泰国、越南等国家任教。近五年，文学院学生获得国家奖学金 11 人、国家励志奖学金 412 人；获评校级优秀学生、优秀学生干部 3021 人。文学院培养的学生就业面广阔，每年就业率均在 96% 左右。

目 录
CONTENTS

第一章

汉语言文学专业

第一节 汉语言文学专业简介

一、汉语言文学专业学习内容

汉语言文学专业所属学科为中国语言文学，是我国较早的具有现代意义的独立学科，作为人文学科中成熟的专业，早在 1898 年京师大学堂创办之初，师范馆中已有"中文""文学"等科目。全国大约有 600 所院校开设了汉语言文学专业，是大学校园中传统却一直葆有活力的专业。

顾名思义，汉语言文学专业主要学习汉民族语言的两个方向，一个是汉语言，另一个是文学。从小学阶段起，语文课本里就包含了这两方面的内容。到了大学阶段，汉语言文学专业则是将语文课的内容以更细化、更全面、更系统的方式进行研究式的学习。例如对汉语言的学习，有语言学和汉字学方面的内容，包括古代汉语、现代汉语、文字学、音韵学等；文学上，主要学习古今中外的优秀文学作品，具体内容有文学史、文学选读、文学理论等。

需要说明的是，汉语言文学专业学习的并不是故纸堆里的学问，学习过程中，对经典文学作品进行研读和学习，是通过学习文学世界中最精华的部分，从而更好地理解一个民族的文化、精神、历史，正所谓知往鉴今、文以载道，培养扎实的人文素养。同时，亦关注当今文学艺术的动态变化和发展，开设众多各具特色的选修课程，既有专注训练写作能力的应用文写作、创意写作、新媒体写作、诗词写作、戏剧创作等写作类课程，也有关注当下新媒介的文学及艺术样态的影视文学、网络文学、大众文化研究、儿童文学与文化等课程内容，更有教师职业能力训练、语文课程教学技能、播音与主持基础等实训类课程。学生可以根据自己的兴趣自由选择。

二、汉语言文学专业学习方法

大学的专业学习跟中学的学习方式最大的不同就是，在课堂上老师们不会照本宣科画重点，不会每天让你做作业，更不会盯着你学习，但会在专业领域里带领你"上穷碧落下黄泉"，探索古往今来的人类有哪些奇思妙想，有哪些闪耀着神性的文字，有哪些精神会突破历史绚烂至今——培养你发现美的眼睛；带领你用多种视角去看待世界和人，让你知其然亦知其所以然，让你对狂热和迷信保持警惕——培养你独立思考的能力；会翻转课堂让你畅所欲言，对一个问题刨根问底，让你知道发现问题比得到答案更重要——培养你的思辨能力。总而言之，大学课堂上，老师更像是个思想的引导者，而不单单是知识的传播者。

要跟上老师的节奏，享受到人文学科的乐趣，需要你真正进入大学学习模式，这必然是你人生的一个重要转折点。从这里开始，需要训练和培养自主学习的能力，需要你每天认真地阅读、思考、讨论和表达。

具体而言，听、说、读、写是汉语言文学专业的基本素养。从基本的日常训练来做的话，就是输入和输出。输入，一是需要阅读大量的文学作品以及各类人文学科的著作，与书为友。汉语言文学专业的学习侧重点不在于语言，而在于文学的研究。文学容纳百川、博杂万千，要深入理解文学，不仅涉及关于文学本身的艺术理解，还需要有文史哲多个领域的背景知识，不夸张地说，需要"上知天文，下知地理"。二是善于观察并以包容的心态看待人与世界，"世事洞明皆学问，人情练达即文章"。学会与人相处，与同学形成一种求学向上的氛围；学会与智慧相处，珍视每一个学习、表达和思维碰撞的机会；还要学会与自己相处，勉励自己过一种有德性的生活。输出，则是有一杆始终产出的笔，坚持高质量的自我训练，不论是写作还是表达，都要勇于尝试，勇于展示自己。

学院内建有语言实验室、普通话训练与测试室、微格训练室和一批校外实习基地，还创办了内部文学刊物《热土》作为学生文学实践的重要阵地，设有创意写作中心、荔湖诗社、戏剧社等校内实训基地，为学生搭建舞台，提供展示的平台。

三、学习汉语言文学专业的收获

广州华商学院的汉语言文学专业旨在培养学生形成良好的道德修养、心理素质和健康的体魄，系统掌握汉语言文学专业的基本知识和理论，具备较深厚的文化底蕴，适应现代社会发展，具有较强的口头和书面表达能力、沟通协调能力、组织策划能力，具备广阔的文化视野，富有创新思维和创新能力。培养能在行政机关、文化教育、传媒出版、厂矿公司、人民团体等各类企事业单位从事公务行政、文秘公关、文化策划、语文教育培训、新闻媒体传播、编辑出版等工作的应用型专门人才。

这些能力是现代社会的职业所需要的，除此之外，大学教育不仅是为学生将来的职业做训练，更重要的是培养一个现代的文明人，让学生在大学四年这段时光中充分地认识自己，全面地提升自己，包括提升自己的修养、见识和才智。汉语言文学专业通过对文学广泛和深入的学习，让学习者打下良好的人文素养基础，从而增强理解能力、表达能力和共情能力；对文学作为艺术的探索，也培养了学习者感知、思考、认识美的能力，从而拥有一个辽阔的、具有审美性的精神空间。

更进一步地说，了解文学，学习文学，实质上是在学习人类的文化和思想，并在此基础上理解人、理解人性、理解世界。汉语言文学专业不仅传承文明，还注重对良知、同情心、意义、价值、想象力、自由表达等素养的培育。作为汉语言文学专业的学生，扎实的文史修养，强大的学习能力、表达能力、思考能力、想象能力和创新能力都将作为你的根基和底色，帮助你收获健全的人格和丰富的人生，我们的社会也会因为你而多一分希望。

四、汉语言文学专业的毕业要求

毕业要求中，学生应修满的最低学分为 148 学分。其中，通识教育课程 67 学分，学科基础课程 16 学分，专业课程 49 学分，综合实践课程 16 学分。所有修读课程均须通过考核，考核及格者方能取得相应学分（此处画重点——不要挂科）。

五、汉语言文学专业的就业前景

汉语言文学专业是职场上的"万金油"，对母语深层次的学习，对文学知识结构性的学习，使汉语言文学专业学生熟练掌握听、说、读、写的能力，可以在行政机关以及文化教育、传媒机构、对外交流等各类企事业单位从事文秘公关、行政助理、文化策划、宣传交流、编辑出版和教育、培训等工作。从小学到高中的语文老师，大部分是汉语言文学专业毕业的；当下时兴的自媒体行业，汉语言文学专业学习所积累的厚重的人文知识底蕴，也能让你成为内容输出的能手。此外，继续深造时可选择的方向也很多元，既可以报考中国语言文学专业类，包括文艺学、语言学及应用语言学、中国古典文献学、中国古代文学、中国现当代文学、创意写作等方向，亦可跨专业报考人文学科，例如教育学、传播学、影视学、新闻学等。

即便你将来没有成为文字工作者或文学研究者，而是参加司法考试进了司法系统，和法学专业的同行相比，你更懂得法律条文背后的人伦道德、人文关怀；如果你成为一个媒体人，相比于新闻专业的毕业生，对世道人心和文化眼界的理解和开拓，相信你会更胜一筹；当然你更可以成为一名教师，通过阅读经典增强自我，完善自我，启迪下一代人，将人性光芒播撒在你的学生身上，从而成为一名真正的"人类灵魂的工程师"。

第二节　汉语言文学专业课程设置

专业课程分为必修课和选修课，必修课就是必须修读的学分课程。选修课就是根据自己的兴趣和学习诉求选择修读的学分课程。从课程的分类来说，可大致划分为汉语言、文学史、文学理论、写作课、选修课五个部分：

（1）汉语言：语言学概论、现代汉语、古代汉语、文字学等；

（2）文学史：中国古代文学、中国现代文学、中国当代文学、外国文学等；

（3）文学理论：文学概论、比较文学原理、西方文学理论、中国古代文论、文艺美学等；

（4）写作课：大学写作、创意写作、应用文写作、新媒体写作等；

（5）选修课：美学概论、海外华文文学、台港文学、影视文学、民间文学、儿童文学、民俗学概论、新媒体概论、语文教学论、教育心理学、逻辑学等。

第三节　汉语言文学专业主干课程学习导论

一、写作学课程学习导论

（一）课程教学目标与要求

写作学课程，分为"写作学Ⅰ""写作学Ⅱ"，安排在大学一年级学习。

"写作学Ⅰ"教学目的：了解写作学学科的发展、写作的三大系统；系统学习写作基本理论，掌握写作活动的本质特点、基本规律；掌握写作行为的"内在运行机制"、基本过程；掌握文章写作基本的章法、技法；优化表达方式，加强思维方法训练，锤炼语言表述，并能运用所学理论指导创作实践。

"写作学Ⅱ"教学目的：了解常用应用文的文体特征，掌握党政机关公文、常用事务文书的写作；了解新闻媒体的文体特征，掌握新闻媒体常用文体的写作；了解诗歌、散文、小说、戏剧的文体特征，掌握基本创作方法。

教师讲授写作学课程时，教学内容的安排要处理好与文学理论、阅读学等课程的关系，避免教学内容重复、泛化。

（二）课程性质

写作学课程是高等学校汉语言文学专业重要的学科基础必修课，广州华商学院《汉语言文学专业人才培养方案（2024年版)》明确提出："学生必须掌握本专业的基础理论、基础知识、基本技能。……有较高的写作水平，能胜任专业论文、文学评论、新闻报道及各类应用文体的写作。"

写作学课程的实践性很强，在讲授写作知识、写作理论时，要辅以经典篇章的讲授，帮助学生理解相关理论、文章章法与技法等，通过有目的的专题训练、文体训练，打好写作基本功，切实提高文章写作能力。

（三）学习本课程的意义与目的

（1）系统学习写作学的基础知识、基本理论，掌握写作的基本规律。

（2）结合经典文本学习写作方法、表现手法、语言表达等，进一步加深对写作理论的理解。

（3）加强写作实训，通过专题训练、文体训练、文章修改，切实提高写作能力。

（四）课程内容简介

"写作学Ⅰ"教学内容：介绍写作学科的发展，讲授写作理论与写作知识，在系统梳理、掌握写作知识的基础上加强写作技法的运用，提高写作能力。写作理论部分主要讲授写作基本规律，如"物、意、文"转化律、多元因素统一律、点化调整渐深律、知行结合通变律等；写作知识部分主要按照写作过程——积聚、运思、行文、修改四个环节，结合文本与写作实际讲授，最后对写作技法进行提炼总结，为"写作学Ⅱ"的具体文体学习打下基础。

"写作学Ⅱ"教学内容：主要讲授具体文体写作，新闻类文体写作——消息与通讯，文学类文体写作——诗歌、散文、小说、戏剧；教授各类文体的基本特征、写作要领，教学重点是运用所学的理论知识进行文体写作，强化实训，切实提高实际写作能力。（具体内容详见文学院《写作学课程教学大纲》与《写作学课程考试大纲》）

（五）学习本课程的方法

（1）树立正确的写作学习观，端正学习态度，用心钻研写作理论。

（2）多观察、多实践、多交流，培养感知能力。

（3）多读、多思，善分析、巧判断，培养思维能力。

（4）多写、多改，精益求精，提高表达能力。

（5）在社会的大环境中学习，发现并挖掘自己的学习潜能。

（六）推荐书目（标△为必读书目）

［1］陈亚丽主编：《基础写作教程》，北京大学出版社，2008年。△

［2］马正平主编：《高等写作思维训练教程》，中国人民大学出版社，2002年。△

［3］董小玉、梁多亮、蒲永川主编：《现代基础写作》，西南师范大学出版社，2003年。

［4］李娟：《文学写作实用教程：从基础准备到文体写作的具体指南》，浙

江大学出版社，2015 年。

　　〔5〕许峰、王雷雷主编：《大学创意写作》，高等教育出版社，2022 年。

　　〔6〕黄梵：《意象的帝国：诗的写作课》，广西师范大学出版社，2021 年。

　　〔7〕张怡微：《散文课》，华东师范大学出版社，2020 年。

　　〔8〕王安忆：《小说六讲》，上海人民出版社，2021 年。

　　〔9〕许道军：《故事工坊》，中国人民大学出版社，2015 年。

　　〔10〕〔美〕雪莉·艾利斯、〔美〕劳丽·拉姆森编，王著定译：《开始写吧！影视剧本创作》，中国人民大学出版社，2012 年。

　　〔11〕王祥：《网络文学创作原理》，中国人民大学出版社，2015 年。

二、现代汉语课程学习导论

　　现代汉语是汉语言文学和汉语国际教育专业的必修课程，内容包括绪论、语音、文字、词汇、语法、修辞六个部分。在教材的编写上，一般分成上、下两册。上册由绪论、语音、文字、词汇四个部分构成；下册由语法、修辞两个部分构成。现代汉语课程采用的是高等教育出版社出版的"十二五"普通高等教育本科国家级规划教材——黄伯荣、廖序东主编《现代汉语》（增订六版）（上、下册）。

（一）课程教学目标与要求

　　本课程以辩证唯物主义为指导，以《中华人民共和国国家通用语言文字法》和其他政策法规为依据，系统地讲授现代汉民族共同语的基础理论和基本知识，训练基本技能，培养和提高学生理解、分析和运用现代汉民族共同语的能力，为他们将来从事各项工作特别是语言文字教学和科研工作打好基础。

　　本课程要求学生对现代汉语有全面的、宏观的把握。掌握现代汉语语音、文字、词汇、语法、修辞的基础知识，提高说普通话的能力，能正确使用汉字，能正确辨析和解释词语，提高用词能力。同时具有辨识词性、分析句子和辨析句子正误的能力，注意选词炼句，能恰当运用修辞手法，提高汉语表达能力。

（二）课程性质

　　现代汉语是高等院校汉语言文学和汉语国际教育专业一门必修的核心课程，是本科汉语言文学和汉语国际教育专业学生了解和掌握语言知识的主要课程之一，对培养和提升学生理解、分析、运用现代汉语的能力有积极意义。

（三）学习本课程的意义与目的

1. 学习本课程的意义

（1）提高对现代汉语理论知识的认识水平。作为一名合格的汉语言文学和汉语国际教育专业的学生，不但要对现代汉语有比较准确的理解，而且要掌握现代汉语内部的结构规律，了解现代汉语的发展趋势。也就是说，既要知其然，也要知其所以然。

（2）提高对各种语言现象的分析、鉴别能力。社会上的语言现象是千变万化的，语言能力过关的一个重要表现就是能够对语言现象进行准确的、科学的分析，鉴别其正误。

（3）对其他学科的学习有促进作用。学习现代汉语不仅仅是为了掌握现代汉语知识，它对学习古汉语、学习语言学概论、学习与语言有关的学科（如逻辑学、心理学等）都十分有帮助。至于语言学科与文学的关系，更是不言而喻。

2. 学习本课程的目的

通过本课程的学习，学生能够掌握现代汉语的基础理论和知识，结合适当的练习和实践，最终提高分析和运用现代汉语的能力，在走上工作岗位后，能够得心应手地解决工作中遇到的与现代汉语相关的问题。

（四）课程内容简介

本课程的教学内容包括绪论、语音、文字、词汇、语法、修辞六个部分。绪论部分讲述现代汉语概况，国家语言文字工作的方针、任务，现代汉语课程的性质、任务和内容，要求学生对现代汉语有大概的认识，激励学生热爱并学好、用好祖国语言。语音部分讲述现代汉民族共同语的语音基础知识，使学生熟练地掌握拼音方案，掌握分析语音结构规律及朗读的技巧，具备说好普通话和推广普通话的能力。文字部分讲述汉字的性质和作用、汉字的构造和形体演变、汉字的整理和标准化，以及正确使用汉字，使学生认识汉字规范化、标准化的必要性，提高汉字使用水平。词汇部分讲述词汇和词汇单位以及构词法、词义的性质、词义的分解和聚合、语境、词汇的组成、词汇的发展和规范化等，使学生掌握词汇学、语义学基础理论和基本知识，能解释和辨析词义，丰富语汇，提高用词能力。语法部分讲述现代汉语各类语法单位的结构类型和结构规律，使学生掌握现代汉语的语法规律，具有辨认词性、分析语法单位的结构和类型、分辨句子正误、改正病句、正确运用语法单位的能力。修辞部分讲述词语的锤炼和句式的选择、常用的修辞格和语体风格。要求学生注意选词炼句，恰当地运用修辞格，改进文风，使他们对语言的运用逐步达到准确、鲜明、精练、生动的要求。

（五）学习本课程的方法

对汉语为母语的学生来说，学习本课程并不难，但是想真正学好没那么容易。因为从感性认识到理性认识，有一个认识上的飞跃。要达到这个飞跃，就要从以下几个方面做出努力。

1. 预习

这一环节要开动脑筋，善于发现问题。在老师讲授之前，先结合已掌握的知识想一想、问一问。通过对教材内容的预习，可以发现哪些是比较容易理解的，哪些是不太好理解的，哪些是难以理解的，然后重点学习难以理解的内容。发现了问题，就可以带着疑问去听课，对症下药，集中精力解决重要问题。如果没有预习，或者虽然预习了但是没有发现问题，那就只能被动地去听课。所以，认真有效的预习，可以将被动学习转为主动学习。

2. 听讲

课堂上，老师的讲解往往包含着他们对教材的理解和分析以及心得体会，其中有不少东西是教材中没有的，对学生来讲，这是相当宝贵的。所以听课时应该集中精力，做好听课笔记。同时，保持积极进取的态度，结合课前预习，看看预习中发现的问题是否解决了，如果没有解决，就要积极主动地提问。

3. 复习

这是一个不可或缺的重要环节。根据心理学家的研究，即时记忆的能力总是有限的，一个人要牢牢地记住他所学到的东西，必须借助于复习，也就是通过重复记忆，使重要的东西在大脑里深深地扎根。复习，是一个整理、归纳、补充、提高的过程，也是一个强化记忆的过程。

4. 作业

现代汉语是一门实践性和应用性都非常强的课程，不仅要学习理论，还要加强课后练习的训练。认真完成课后练习题是每个学生都应该做的，通过做练习来巩固所学到的知识和方法。

5. 阅读

现代汉语这门课程的学习不能拘泥于某一本教材，由于受到篇幅的限制，教材所涉及的知识和方法肯定是有限的。课外可阅读相关著作，扩大知识面，增加信息量，提高识别能力，强化理论意识。

（六）推荐书目（标△为必读书目）

1. 教材类

［1］邵敬敏主编：《现代汉语通论》（第三版），上海教育出版社，2016 年。

［2］胡裕树：《现代汉语》（重订本），上海教育出版社，2011 年。

［3］张斌主编：《新编现代汉语》（第二版），复旦大学出版社，2008 年。

2. 工具书类

［1］中国社会科学院语言研究所词典编辑室编：《现代汉语词典》（第 7 版），商务印书馆，2016 年。△

［2］吕叔湘主编：《现代汉语八百词》（增订本），商务印书馆，1999 年。△

3. 理论类

［1］林鸿编著：《普通话语音与发声》（第五版），浙江大学出版社，2021 年。

［2］林焘、王理嘉著，王韫佳、王理嘉增订：《语音学教程》（增订版），北京大学出版社，2013 年。

［3］裘锡圭：《文字学概要》（修订本），商务印书馆，2013 年。

［4］王宁：《汉字构形学导论》，商务印书馆，2015 年。

［5］符淮青：《现代汉语词汇》（重排本），北京大学出版社，2020 年。

［6］武占坤、王勤：《现代汉语词汇概要》，内蒙古人民出版社，1983 年。

［7］苏新春：《汉语词义学》，外语教学与研究出版社，2008 年。

［8］温端政主编：《汉语语汇学教程》，商务印书馆，2006 年。

［9］张志毅、张庆云：《词汇语义学》（第三版），商务印书馆，2021 年。

［10］吕叔湘：《汉语语法分析问题》，商务印书馆，1979 年。

［11］赵元任：《汉语口语语法》，商务印书馆，1979 年。

［12］吕叔湘：《中国文法要略》，商务印书馆，2014 年。

［13］朱德熙：《语法讲义》，商务印书馆，1982 年。

［14］朱德熙：《语法答问》，商务印书馆，1985 年。

［15］王力：《中国现代语法》，商务印书馆，1985 年。

［16］陆俭明：《现代汉语语法研究教程》（第五版），北京大学出版社，2019 年。

［17］马真：《简明实用汉语语法教程》（第二版），北京大学出版社，2015 年。

［18］陆俭明、马真：《现代汉语虚词散论》（修订版），语文出版社，2003 年。

［19］邵敬敏：《汉语语法学史稿》（修订本），商务印书馆，2006 年。

［20］邵敬敏、任芝锳、李家树等：《汉语语法专题研究》（增订本），北京大学出版社，2010 年。

［21］陈望道：《修辞学发凡》（纪念珍藏版），复旦大学出版社，2022 年。

［22］王希杰：《汉语修辞学》（第三版），商务印书馆，2014 年。

［23］何自然、冉永平编著：《新编语用学概论》，北京大学出版社，2021 年。

［24］索振羽编著：《语用学教程》（第二版），北京大学出版社，2014 年。

三、古代汉语课程学习导论

（一）课程教学目标与要求

1. 课程教学目标

古代汉语课程的教学目标主要是从教师对学生的预期素质、预期能力和预期知识的获得这三个方面来定位的。

首先是预期素质的获得。古代汉语课程教学可以提高学生的综合素质，健全他们的人格，增强他们的语言学功底及中国传统文化底蕴，使他们逐步具备今后作为一名中国语言文学工作者的基本素养。

其次是预期能力的获得。古代汉语课程教学能够使学生运用有关理论知识分析解决古代汉语书面语中的相关问题，在此基础上能够通过字典、辞书等工具书阅读理解一般难度的文言文；初步用审美的眼光认知中国古代汉字、音韵及韵文构成的体式，提高学生整体的美学鉴赏水平；运用历时、共时的比较方法，解决古汉语文献阅读中的某些语言难点，具有提出问题、研究问题的初步意识。

最后是预期知识的获得。①古代汉语课程理论部分的教学能够使学生了解古汉语常用工具书的种类、体例、用途，掌握其使用方法；掌握汉字构造方法、字际关系等内容，学会分析常用汉字的形体结构，提高辨析字际关系的能力；了解古汉语词汇的特点、古今词义的异同、词义演变的方式及规律，掌握古汉语词义分析的一般方法，掌握文言常用词的词义；掌握古汉语语法知识，熟练分析古文阅读中的词类活用、虚词用法、特殊语序及句式等；了解古籍注解的种类、体例、用途及常用的注解术语，初步利用古注解决古籍阅读方面的问题；了解古代音韵学的基础知识，初步掌握古今语音差异现象及原因；了解古文标点、翻译的相关知识，对一般难度的古文能正确断句并翻译；掌握诗词格律的基础知识，具备分析诗词格律的能力。②古代汉语课程文选部分的教学能够使学生理解并掌握文选中的字、词、句的有关知识，背诵一些经典的文言文，积累一定的古代语言文献的书面语材料，通过这些语言材料来掌握古代汉语的常用词汇和语法规律；培养学生的自学能力，通过课余自学文言文篇目，使学生对古代语言材料有较为充分的感性认识，掌握古代语言材料的实践运用。

2. 课程教学要求

课程教学要求可以针对教师和学生两个方面来提出。就教师而言，应该做到：课程必须设置在学生已较系统地掌握了现代汉语知识之后；在授课过程中坚持理论与实践相结合、感性认识与理性认识相结合的原则，循序渐进、由浅入深、古今沟通、辨析异同、讲练结合、学以致用；安排两次本课程的考试，分别在期末进行。就学生而言，应该做到：充分认识到学习古代汉语课程的重要意义，避免"冷门"思维，增强信心，培养兴趣；遵循"理论—实践—理论"的学习路线，做到理论与实践的完美结合；保质保量地完成教师设计好的配套练习，在勤练的过程中获取古代汉语知识；平时多与教师进行沟通，及时解决学习过程中所遇到的种种问题。

（二）课程性质

古代汉语课程的性质主要是从课程的内容、功用及其在整个汉语言文学专业中的地位来确定的。首先，古代汉语课程是一门语言类课程。重心在于阐明古代汉语中的文字、词汇、语法、语音、修辞等语言现象，以及古代汉语中的语言特点和语言规律。其次，古代汉语课程是一门工具课。为了继承中华民族五千多年的历史文化，就要阅读记载这些历史文化的古籍，而要阅读这些古籍，就要借助一定的工具来清除阅读中的语言障碍，这个工具就是古代汉语课程。最后，古代汉语课程还是高等院校中文系汉语言文学专业的主干课程，是一门专业基础必修课，也是古文字学、音韵学、语音史、训诂学、语法史、方言学等课程的先行课，其开设时间通常是在大学二年级，分两个学期完成学习任务。

（三）学习本课程的意义与目的

1. 学习本课程的意义

关于学习本课程的意义，可以从古籍阅读、古文教学、学习现代汉语这三个方面来谈：

一是古籍阅读的需要。中国拥有众多的古籍，要继承并发扬古代文化就需要阅读古籍。比如医学经典——张仲景《伤寒论·辨脉法》中"其脉浮而数""其脉沉而迟"这两句，如果懂得一点古代汉语知识，知道"数"是"快"、"迟"是"慢"的意思，那么这句话也就不难理解了。又如古典诗词——杜甫《春望》"烽火连三月，家书抵万金"这两句，如果懂得一点古代汉语知识，知道"家书"就是"书信"，那么也就不至于有"打仗打了三个月，杜甫家里很穷了，没有办法，只好把家里的书卖掉，家里的书抵得一万块钱"那样粗浅的解释了。再如历史文献——班固《汉书·霍光传》"上乃使黄门画者画周公负成王朝诸侯以赐光"这一句，乍一看觉得一头雾水，但如果懂一点古代汉语语法知识，那么这个句子也就不难理解了。这个句子的"上"（皇上，汉武帝）作主语，"使黄门画者画周公负成王朝诸侯以赐光"作谓语。谓语部分是个兼语结构，兼语"黄门画者"是"者"字短语，表示承应内廷作画的画工，兼动词"使"的宾语和谓语"画周公负成王朝诸侯以赐光"的主语。"画周公负成王朝诸侯以赐光"是"画周公负成王朝诸侯"和"赐光"两个动宾结构的连续，前者的宾语"周公负成王朝诸侯"指所画的内容，实则为一个典故，其中"朝"是使动用法（使……来朝见）；这两个动宾短语通过连词"以"来连接，表示目的关系。整个句子的意思是：于是汉武帝便命令宫廷画工画了一幅周公背着成王受诸侯朝见的画赐给霍光。

二是古文教学的需要。古文教学需要教师具有一定的古代汉语知识，才能对古文中的注释加以解释、补充和订正。例如《庄子·徐无鬼》"郢人垩慢其鼻端"一句，王力《古代汉语》（第二册）将其"垩慢"解释为："垩，刷墙的白土。这里用如动词，指用白土刷墙。慢，通漫，涂抹墙壁，这里指误涂。这句是说，郢人刷墙时，有小点飞泥落在鼻尖上。"这个解释如果从语法的角度来看就是：名词用如动词之后再与后面的动词一起作述语。这个解释显然过宽了，也不太符合古代汉语的习惯用法。古汉语中，"名词＋动词"除了构成主谓结构之外，还可以构成状中结构，即名词直接作状语。本句中"垩"解释为名词作状语更贴切，其意思是：郢人用白粉涂抹在他的鼻尖上。这个解释不仅符合古代汉语语法，也符合文本原意，因为文本讲的是郢人与匠石之间的一次有目的性的配合，而非郢人误涂之后才找匠石来砍削鼻尖上的白泥。

三是学习现代汉语的需要。一方面，理解现代汉语需要我们懂一点古代汉语知识。比如我们今天常常使用的唯命是从、唯命是听、唯利是图、唯利是从、唯利是趋、唯才是举等系列成语，它们早在先秦时代就已经产生。（如《左传·宣公十二年》："使君怀怒以及敝邑，孤之罪也。敢不唯命是听。"）对于这些成语，我们知道其大致意思，也能正确地使用它们，但如果要问这些成语是怎么构成的、四个字分别是什么意思，大多数人未必能说得清楚。这些成语既然最早产生于先秦，那么当然只能用先秦时的汉语知识才能讲清楚：第一个字，语气词"唯"，表示单一性、排他性；第二个字，名词，在结构中作宾语；第三个字，指示代词"是"，复指前面名词充当的这个宾语；第四个字，动词，此结构中它必须带宾语，其宾语是"是"前面的那个名词。此四字格式也就是古代汉语中代词"之""是"复指前面宾语的宾语前置格式。对于成语可以这样掌握，对于其他词语的掌握当然也应该如此。只有这样，我们才算是真正做到正确理解现代汉语，而不是局限于字面意思。

另一方面，运用现代汉语来写作也需要一定的古代汉语知识，否则，在写作时就容易用词不当。比如："八九十岁之际，还要更加讨厌自己，那时必定是讨厌自己老而不死。先哲说：'老而不死谓之贼。'我不愿意做贼，我这辈子还没有偷过别人的东西。"（沙叶新《沙叶新的鼻子：人生与艺术》）这个例子中把"贼"解释为"偷"，是不正确的。"贼"的本义是"破坏，毁坏"，又引申为"破坏者"。"老而不死谓之贼"中"贼"的意思当为"破坏者"。在先秦，"盗"与"贼"的意义跟现在正好相反：现在所谓"贼"（偷东西的人），先秦叫作"盗"；现在所谓"盗"（抢东西的人），先秦叫作"贼"。此例属于因不明古汉语词义而误用，造成词不达意。又如："不经意地，又觅见苍劲的柏树，缀着银灰色的柏籽，珍珠似的宁静。"（张抗抗《鲜木耳、野韭菜花、梧桐籽》）"觅"是"寻找"的意思，"觅见"就是"经过寻找而看见"。既然是"觅见"，就不会是"不经意"；如果真的是"不经意"看见，当然就没有"觅"了。这是因不明古汉语词义而误用，造成表达上的矛盾。再如："我同时窃以为，通过与玛依努尔的相好，他那些不够健康的心理举止将得以校正过来。"（王蒙《淡灰色的眼珠》）"窃"是古汉语中表示谦敬的副词，谦指自己。既然用了"窃"，就不必再用"我"了，否则就会造成语言啰唆。这是不明古汉语词义而造成的语言表达上的重复。

2. 学习本课程的目的

学习本课程的目的与学习本课程的意义相关，可以认为是同一个问题的不同方面。意义既大又远，目的则更"近视"和"功利"。

其一，是为了提高阅读文言文的能力，便于批判继承古代文化遗产。提高阅读文言文的能力，主要是通过学习文选、语法、音韵、文字、训诂等方面的古代汉语知识来获得的。这些道理在本导论的其他地方有过阐述,此处不再赘述。

其二,是为了提高现代汉语的语言修养,增强现代汉语的表达能力。我们平常说"一锅饭能吃十个人,一条凳子能坐五六人",实际运用的是古代汉语的语法规则:使动。"无所不知,无所不晓",表示没有不知道的东西,实际运用的是古代汉语"无所……"这种固定句式。"我们而立之年……","而立"即三十岁的代称,实际上是源于《论语·为政》"三十而立,四十而不惑"。这些例子说明,学好古代汉语可以帮助我们提高现代汉语的语言修养、增强现代汉语的表达能力。鲁迅、茅盾、朱自清、冰心等现代文学大作家,无一不在古代文学、古代汉语方面有精深的造诣。我们应该多看他们的作品,好好地向他们学习,学习他们是如何运用古代汉语知识来丰富他们的文学创作的。

其三,是为了培养文言文的教学能力。汉语言文学专业的学生日后可能会走上教师的岗位,而中学语文课本中的文言文有的字词没有注释,需要教师自己理解透彻后再教给学生。如高二课文《屈原列传》:"人穷则反本,故劳苦倦极,未尝不呼天也;疾痛惨怛,未尝不呼父母也。"课本中"极"下无注。在这段文字中,"劳苦倦极"与"疾痛惨怛"相对,"劳苦""疾痛""倦极""惨怛"都当为同义结构,因此"极"不能解释为"极点",应当解释为"倦"。还有些注释是有误的,需要教师具备辨别能力。如高三课文《信陵君窃符救赵》:"公子遂将晋鄙军。勒兵,下令军中曰:'父子俱在军中,父归;兄弟俱在军中,兄归;独子无兄弟,归养。'""勒兵"注"检阅军队"。"勒"本义为"马笼头",引申为"拉缰止马",再引申为"整顿""部署"。课文中的"勒兵"应当是"整顿部署军队"而不是"检阅军队",因此课文的注释是错误的。

(四) 课程内容简介

古代汉语课程的内容分为理论与文选两大部分。理论部分主要包括工具书、文字、词汇、语法、音韵、训诂等基本知识。其中,工具书部分主要讲工具书的性质、特点及使用方法,文字部分主要讲汉字的结构、古今字、异体字、繁简字、通假字等,词汇部分主要讲同义词、词义引申、古今词义差别、单音词和双音词等,语法部分主要讲词类活用、虚词的用法、宾语前置语序、被动句与判断句句式,音韵部分主要讲《诗经》的韵例、韵部、双声叠韵与古音通假,训诂部分主要讲训诂术语及古书的注解。文选部分分精读篇目与泛读篇目两类。精读篇目是教师重点讲解的内容,主要是先秦两汉时期的典范作品,包括《左传》《战国策》《论语》《孟子》《庄子》《诗经》《楚辞》《史记》《汉书》等文献。

泛读篇目是教材中教师重点讲解之外的作品，以学生自学为主，教师要做必要的指导。（具体内容详见文学院《古代汉语课程教学大纲》与《古代汉语课程考试大纲》）

（五）学习本课程的方法

关于如何学习古代汉语这门课程，不少权威学者（如王力）以及优秀的一线古汉语教师撰文发表过高见。我们借鉴他们的观点，并结合实际教学中的体会，总结出六个要点。

1. 掌握大量的古代汉语常用词汇

学习任何一种语言，都需要掌握大量的词汇，词汇量越丰富，阅读能力就越强。古籍读不懂，主要不在于不懂古代汉语语法，因为古代汉语语法和现代汉语语法的差别并不大，而在于不懂古代汉语词汇。

学习本课程需要重点掌握的古代汉语词汇主要有两类：一类是古代汉语中比较常用的，而现代汉语中已经消失了的词语。例如《诗经·周南·卷耳》"我姑酌彼金罍"中的"罍"（一种盛酒或水的器具）、《孟子·滕文公上》"许子以釜甑爨"中的"甑爨"（甑：瓦做的蒸饭的炊具；爨：烧火做饭）、《诗经·豳风·七月》"我朱孔阳"中的"孔"（表程度高的副词）。另一类是古代汉语和现代汉语都很常用，但意义完全不同或不完全相同的词语。例如"国"，现代汉语是"国家"的意思，古代汉语除了这个意思之外，还有"诸侯之封地"与"国都"等意思（前者如《战国策·冯谖客孟尝君》"孟尝君就国于薛"；后者如《左传·郑伯克段于鄢》"大都不过参国之一"）。"走"，现代汉语是"行走"的意思，古代汉语却是"跑"的意思（如《战国策·触龙说赵太后》"曾不能疾走"）。"臭"，现代汉语中表示难闻的气味，古代汉语中还可以表示香气（如《周易·系辞上》"其臭如兰"）。"但"，现代汉语中是表转折的连词，古代汉语中是表"仅仅"的副词（如李白《蜀道难》"但见悲鸟号古木，雄飞雌从绕林间"）。这两类词语中，后一类尤为重要。对以上两种情况，我们要有意识地加以记忆，还需要不断地总结，通过日积月累，最终达到由量变产生质变。

2. 注意古代汉语的特殊语法

古代汉语语法虽然不是阅读古籍的主要障碍，但它是正确理解古籍的关键环节。有两点值得注意：一是注意古代汉语语法和现代汉语语法的不同之处。如："沛公安在？"（司马迁《史记·鸿门宴》）这句话中不但"安"的词义和现代汉语不同，而且句子结构也和现代汉语不同。要读懂这句话，既要懂得"安"的意思是"哪里",还要懂得"安"是个疑问代词,按照古代汉语语法,疑问代词作宾语是要放在动词之前的。二是注意古代汉语特殊语法的解释方法。如古代汉语中名词可以放在动词前面作状语,表示"像……一样的"(如"狼吞虎咽"),但是,名词放在动词前面也可以作主语(如"龙腾虎跃")。那么,当我们在读古籍时碰到"名词 + 动词"的时候,怎样来判断这是名词作状语,还是名词作主语呢?这就要根据整篇文章的文意来做具体分析了。比如"鸡鸣狗盗"(王安石《读孟尝君传》)中的"鸡""狗",根据文意就只能理解为名词作状语。再如"晋侯饮赵盾酒"(《左传·晋灵公不君》),因为古代汉语中有动词使动用法这一特殊语法,所以"饮赵盾酒"可以分析为"使赵盾饮酒",是个双宾语的结构;但这种句式通常的语法结构是单宾语结构,即"饮赵盾的酒"。这两种结构到底哪一种更符合文意?这就需要放在具体的语境中才可以确定。总的来说,学习古代汉语语法的一般方法,就是先掌握古代汉语语法的基本规律及理论知识,然后运用这些规律和理论知识去指导文言文的阅读。

3. 了解一些音韵学的常识

从表面上看,音韵学知识对于阅读古籍似乎不重要,因为汉字不是拼音文字,即使不知道一个字的读音,只要知道它的意义,也可以读懂古文。但是从深层次来看,培养阅读古籍的能力是一个综合的训练过程,在这个过程中,音韵学的常识也是不可缺少的。比如有些字的读音与其在现代汉语中的读者并不相近,为什么在古代能够通假?有些古代的形声字的声符,为什么在今天已不能准确提示读音了?这就需要我们懂一点音韵学的常识。如许慎《说文》:"形声者,以事为名,取譬相成,江河是也。"其中"河"字好理解,"氵"为形符,"可"为声符,"可""河"古今音相近。而"江"字就不好理解了,其声符"工"与"江"的读音在今天相差甚远。但是如果懂一点音韵学知识,知道古今语音有不同、今音不近古音却可以相近或相同这个道理,就不难理解"江"为什么是个形声字了。"工""江"的古音均在声母"见"母和韵部"东"部,用今天的拼音都读"工(gōng)"。又如《左传·郑伯克段于鄢》"大隧之中,其乐也融融""大隧之外,其乐也洩洩",前一句的"中""融"古今押韵,好理解,因为古今音一致,没有变化。而后一句的"外""洩(今读 xiè,同泄)"在今天就不押韵了(声韵都不同),但它们在古代音相近、韵相同(上古月韵),可以构成诗韵。王力《古代汉语》(第二册)深入浅出地介绍了古代音韵学的知识,还列有古声母表和韵部表,附录中还附有各个声母和韵部的例字,为我们掌握古代的音韵知识提供了方便,想了解音韵学常识可以先从这里着手。

4. 多读经典古籍

多读是指要多读好文章。按照王力的说法可以读读《古文观止》，一共有两百多篇文章，不要求都读，可以读些思想性较好或自己喜欢的文章，最好能够背诵，积累三五十篇就可以。此外，还可读读《唐诗三百首》。三百首太多，不妨打个折扣，也挑选些思想性好、爱读的诗读读，读一二百首就可以了。要读得熟，熟能生巧。所以学古代汉语最基本的要求就是念三五十篇古文、一二百首唐诗。宁可少些，但要学得精些。如果要求再高一点，还可以读些较深的书，如《诗经》《论语》《孟子》。可以先读《孟子》，再读《论语》，最后学《诗经》，根据难度由浅入深地学习。前两部书可读完全书，最末一部可以读选本。版本选择上，《孟子》可读兰州大学中文系编的《孟子译注》，《论语》可以选用杨伯峻的《论语译注》，《诗经》可以采用余冠英的《诗经选》。

5. 了解一些古代的文化常识

语言是文化的载体，古代汉语记录的是我国古代的文化。我们不能离开中国古代文化的背景来学习古代汉语。事实上，古代作品都会涉及各个方面的中国古代文化。比如古代的人名、地名、朝代名、职官名，有时还会出现器具、服饰、宫室、车马等的名称。以《左传·郑伯克段于鄢》为例，其中关于人的称谓就有复杂多样的表达法：①"郑武公""郑庄公"中的"郑"是国名，"武""庄"是谥号，"公"是国君的通称。②"共叔段"中的"共"是地名（以地名为氏），"叔"是排行，"段"是名。③"武姜""姜氏""夫人"三个称谓其实都是指同一个人，"武"是其丈夫的谥号，"姜"是姓（其娘家中国的姓）；"姜氏""夫人"都是其子庄公对母亲的称呼，前者相当于现代用姓氏特指某人，后者是特指母亲的一个通称。要是不懂得一点古代的姓氏称谓文化，阅读古籍时就会有很大障碍。又比如本篇的"鄢""京""制""共"等单字地名，"五月辛丑"中"辛丑"等干支纪日也是阅读古籍时需要注意的古代文化常识。古代有丰富的名物词语，由于时代的悬隔，我们今天读起来会有陌生感，不好理解。要解决这些问题，虽然可以通过查找工具书来解决，但效率较低，而且得到的知识比较零散。最好能做到对古代文化常识有比较系统的了解，然后在此基础上再去查阅工具书，效率必定大大提高，还能加深我们对古代文化以及对古文的理解。王力《古代汉语》"古代文化常识"部分的内容较广，但篇幅不大，很适合阅读，我们不妨通过这一途径来达到懂一点古代文化常识这一目的。

6. 树立历史观

学习古代汉语绝对不能以今律古，要有历史观的思维，这点尤其表现在词汇的学习上。比如"睡"这个词，现代有，古代也有。"睡"在汉代以前，是坐着打瞌睡的意思，和躺在床上睡觉意思不同。如《战国策·秦策》："读书欲睡，引锥自刺其股，血流至足。"其中"睡"就是打瞌睡。如果把它解释为睡觉，那意思就是苏秦读书时想睡觉了，要是这样理解，那岂不是等于说苏秦读书也太不用功了？这显然不符合文意。又比如池塘的"塘"，唐朝以前的意思也和现代很不一样。原来的"塘"字，是指河边防水的堤。谢灵运《登池上楼》："池塘生春草，园柳变鸣禽。"其中"塘"就是堤，是说春草生在堤上。如果说春草生在池塘里，那就不符合实际。再如"恨"，在汉朝以前，一般不讲作仇恨，而是当遗憾的意思；"信"，在汉朝以前是指带信的人，不会当作"写信"一类的意思；"仅"，在唐朝时是极言其多，有"差不多达到"的意思，不是少的意思。举以上例子是想说明，即使是古代，也有时间远近之分，不能笼统地以一个"古"字来概括。词汇学习如此，语法学习也是如此。

除了以上六个要点外，我们还要多做练习。本课程是语言课，所以必须多做练习。首先要用直译的方法翻译作品，这是对所学知识的综合掌握和检验。其次对一些理论性的问题要尽量以小论文的形式展开论述进行回答。最后，要多分析语言现象，熟能生巧。

学习古代汉语需要时间积累，不能急躁，不能企图一下子就学好，以防"欲速则不达"。现在大学课程中古代汉语的课时数缩短了，这就要求我们在课余甚至是课程结束之后，仍然要付出一定的时间来学习古代汉语。王力说："学古汉语，学一两年不算多。北大学生，每周学四小时，学两年，还只能学到一般的东西，谈不到学得深透。"所以，古代汉语的学习是一个不断反复的漫长过程，快了不行，要舍得花时间，慢慢学，循序渐进。

（六）推荐书目（标△为必读书目）

1. 教材类

［1］王力主编：《古代汉语》（校订重排本），中华书局，1999 年。△

该教材是中华人民共和国成立后首部由国家组织编写、全国通用的古代汉语教学用书，把文选、常用词、通论三者结合起来，强调以文选为纲，辅以常用词释义和通论阐发。

［2］郭锡良等编著：《古代汉语》（修订本），商务印书馆，1999 年。△

该教材坚持了王力首创的文选、常用词、通论相结合的体例，并有所创新。比如将"常用词"改为"词义分析举例"，以及在每章后增加了练习题。

［3］沈祥源主编：《古代汉语》（第二版），武汉大学出版社，2010 年。

该教材在整体布局上采用了通论、文选、参阅篇目三大板块相结合的格局。通论讲述古代汉语的理论知识，文选为随篇注释，参阅篇目为拓展内容。

［4］张世禄：《古代汉语教程》（第三版），复旦大学出版社，2008 年。

该教材分为通论和文选两大部分。通论部分从文字、词汇、语法和音韵四个方面系统详细地阐述了古代汉语的基本理论和知识要点，文选部分则从先秦两汉直至唐宋的古代诗文中选取一些典型的篇章，加以注释和讲解。

［5］蒋冀骋主编：《古代汉语》，湖南大学出版社，2015 年。

该教材强调学生内在能力素质的培养。上册为通论，下册为文选，文选与通论并重。为方便学生进行深层次的学习，各章、各板块之后均附有"进一步阅读文献"，各章之后还安排了思考与练习题。

［6］胡安顺、郭芹纳主编：《古代汉语》（第三版），中华书局，2017 年。

该教材采用繁体竖排，强调实用性、知识性、系统性和学术性，采取文选、通论、练习和参考文献"四结合"体例。

［7］董志翘、杨琳主编：《古代汉语》（第二版），武汉大学出版社，2014 年。

该教材共设通论六章，其特点是依照汉语史的发展顺序安排内容。该教材文选既有文言文，又有古白话。在编写上，文选包含传世文献和出土文献两大类。传世文献先列有今注的文选，次列有一定难度的古注文选，最后是没有注释的白文。出土文献由原件图片（或原件摹本）、楷定文字、简注三个部分组成。

［8］蔡正发、熊兴主编：《古代汉语》，云南大学出版社，2004 年。

该教材的特色是将地方文化、民族文化融入古代汉语教学，在西南地区高校中享有盛誉。

［9］张玉金、吴媛媛主编：《古代汉语》（第二版），高等教育出版社，2017 年。

该教材的编写特色是"吸收学术界新的定论性成果"；结合当下高校古代汉语课程实际课时，重新安排教材内容；对以往教材中"常用词"部分进行删略。

［10］荆贵生主编：《古代汉语》（第三版），武汉大学出版社，2011 年。

该教材共分为九个单元，每个单元由文选、常识和练习三部分组成。练习部分可以帮助学生加深对古代汉语理论知识的理解和记忆。教材摒弃了以往编录单一的今注文选的做法，而是把文选细分为今注、古注、标点和白文四类，古注文选统一使用影印版。在文选的取材方面，选取了甲骨文、金文、大篆等古文献，还增加了应用文言文，这是其不同于其他教材之处。

2. 工具书类

［1］王力等原编，蒋绍愚等修订：《古汉语常用字字典》（第6版），商务印书馆，2024年。△

［2］《古代汉语词典》编写组编：《古代汉语词典》，商务印书馆，1998年。

［3］王海棻、赵长才、黄珊等：《古汉语虚词词典》，北京大学出版社，1996年。

［4］马文熙、张归璧主持编著：《古汉语知识详解辞典》，中华书局，1996年。

3. 其他

［1］中华书局编辑部：《名家精译古文观止》，中华书局，1993年。△

［2］中国人民大学语文系文学史教研室等编注：《历代文选》，中国青年出版社，1962年。

四、语言学概论课程学习导论

（参见汉语国际教育专业语言学概论课程学习导论）

五、文学概论课程学习导论

在中国语言文学的学科体系中，文学理论属于文艺学的一个分支，它与文学史、文学批评等共同构成了二级学科——文艺学。"文艺学"的名称是中华人民共和国成立以后由俄文翻译过来的，确切的说法应为"文学学"，即研究文学及其规律的学问。这是一种比较流行的说法，也是对文艺学的一种广义理解。

关于文艺学的概念，当今还有一种观点主张将文艺学与文学理论画等号，直接从英文 literary theory 对译过来，即文艺学 = 文学理论 = literary theory。事实上，在文艺学课程体系的建构中，文学理论一直是其核心内容。

文艺学课程主要是一个专业性和学理性、基础性和前沿性、理论性和现实性并存的课程体系，肩负着培养学生理论思维能力、陶冶学生人文情怀的任务。经过多年的建设与发展，目前已经形成以文学概论、美学概论、西方文论、中国古代文论为必修课，马克思主义文论、文艺美学、文艺心理学等为选修课的多向度、开放式的基本课程结构。

文学概论作为汉语言文学专业的一门专业基础课，是对文学理论的概要阐述，主要介绍文学理论的基本原理和基础知识，可以看作文学理论的入门课程。

(一) 课程教学目标与要求

1. 增强学生的理论思维能力

文学理论是一个由一系列概念、范畴、命题、原理等组成的科学体系，有很强的理论性和逻辑性。因而文学概论课程教学的主要目标之一，就是培养和增强学生的理论思维能力。这就要求在课程教学过程中，要有意识地训练学生对相关概念的辨析能力、对基本原理内在逻辑关系的理解能力，以及对各个理论问题之间相互联系的把握能力。

2. 提升学生的文学鉴赏水平

文学理论是在不断总结人类文学经验的基础上形成和发展的，尤其关注以文学作品为中心的文学现象。它对文学史上不同风格、流派和思潮的梳理，对不同文体特性的概括，对文学文本层次的分析等，都有助于学生对具体文学作品的解读。文学概论课程不仅要培养学生敏锐的文学感知力，还要培养他们较为深入的理解和鉴赏力，既要知其然，也要知其所以然；帮助学生在准确把握文体特性的基础上，深入领悟文学作品的妙处，进而获得健康的审美趣味和较高的审美鉴赏力。

3. 培养学生的文学批评意识

文学批评是按照一定的审美原则和标准，选择运用特定的理论模型和方法，对以文学作品为中心的所有文学现象进行分析评价的一种科学活动。对于本科生而言，学习文学概论的主要目的不在于训练和强化分析、评价文学现象的能力，而是要求学生在掌握文学理论的一般原理，了解文学批评特性和方法的前提下，形成先进的文学观，逐渐养成文学批评意识，以便在日后面对纷繁复杂的文学现象时，能够做出自己的判断，为学生毕业论文的写作乃至以后专门从事文学批评活动打下良好基础。

(二) 课程性质

文学概论作为汉语言文学专业的一门专业基础课，是对文学理论的概要阐述，主要介绍文学理论的基本原理和基础知识，可以看作文学理论的入门课程。

作为一门研究文学特性及其普遍规律的人文学科，文学理论在长期的发展过程中，逐渐形成了自己的学术品格，也规定了文学概论课程的一般特性。

1. 实践性

文学理论作为一门理论形态的学科并不是凭空产生的，也不是个别理论家杜撰出来的，而是从长期的、多种多样的文学实践中总结出来的。换言之，文学理论是对古今中外一切文学活动实践的总结。因此，文学概论课程也就具有了鲜明的实践性特征。这里的实践性有两重含义。第一重含义是指文学理论是在文学实践中产生的，中外文论史上所有的文学主张和理论体系，无一不是从形形色色的文学实践中概括出来的。第二重含义是，文学理论必须经受文学实践的检验，并随着文学实践的发展变化而不断改进。所以它总是随着文学运动、文学创作、文学接受的发展而发展，并始终关注当下的文学实践活动。例如，新时期以来，在实事求是、解放思想精神的影响下，我国的文学创作和文学批评活动也空前活跃起来，同时也向文学理论提出了一系列问题。如文学的审美特征问题，文学的真实性问题，"自我表现"与朦胧诗问题，文学与人性、人道主义的关系问题，文学的主体性问题，文学创作中的历史主义和人文关怀问题，新写实主义问题，中国古代文论的现代转化问题，文学的新理性精神问题，全球化语境中文学的民族性问题，大众文化问题，文化产业问题，文化批评问题，等等。对这些理论问题的探讨，无一不是新时期文学创作和文学批评实践提出来的，而这些讨论又反过来推动、指导、影响了当下的文学创作和批评。由此可见，文学理论的实践性品格决定了文学理论是一门生机勃勃的科学，是一门不断丰富和发展的学问。随着社会生活的变革，文学的内容和形式都将出现新的深刻的改变，文学理论这门学科也就不可避免地要去研究新问题、拓展新领域，积极面对和回应来自当代文艺实践的新挑战。

2. 科学性

文学理论揭示的是文学活动的属性特征和客观规律，因而具有科学性。马克思主义文学理论之所以具有真理性，就是因为在正确对待已有理论成果的基础上，运用科学的世界观和方法论，揭示文学活动的规律，总结文学创作和欣赏的经验，具有深厚的学理性。因而，我们强调文学概论课程的科学性，就是要坚持马克思主义的世界观和方法论，研究分析和科学总结文学活动的实践，透过复杂繁多的文学现象把握其内在本质，从中提炼出规律性认识。文学理论的科学性不同于自然科学所要求的实验化、数量化和精确性，它是从既有文学活动的事实出发，通过观察、感悟和研究，借助概念、判断、推理等概括过程，揭示文学活动的规律和特性，从而建立相应的知识系统。

3. 人文性

文学理论的人文性特征是由其研究对象——文学和文学活动的特质决定的，它是指文学活动具有指向人的精神或灵魂状况的特性。在这方面，文学与历史学、哲学等人文学科相近，致力于关怀人类的精神或灵魂的当前状况及其归宿问题。这种人文精神贯穿于作家的创作和读者的欣赏活动中，积淀在文学作品中，而作为研究和评价文学活动的文学理论，就不能不被文学的人文情怀所渗透和浸染，从而体现出浓郁的人文性。古人说，"诗言志""诗缘情"，作家的情志体验和创造以及读者欣赏作品时的再创造，都是发现和挖掘人的精神力量的过程，充满了人文情怀和人文价值。

（三）课程内容简介

文学概论课程的内容构成，是由文学自身的本质属性、存在方式和发展规律所决定的。文学理论作为研究文学特性和普遍规律的学问，首先要回答的就是什么是文学的问题。因而从整体上探讨文学的本质特性，显然是文学理论的应有之义。我们认为，文学不是以作品的形式或孤立的文学现象而存在的，其本质是一种特殊的精神活动、一个系统的活动过程。美国当代文艺学家 M. H. 艾布拉姆斯在《镜与灯——浪漫主义文论及批评传统》一书中提出了文学四要素的著名观点，他认为文学作为一种活动，总是由作品、作家、世界、读者四个要素组成的。文学理论所把握的不是其中某个孤立的要素，而是四个要素构成的整体活动及其流动和反馈过程。因此，分别从作品、作家、世界和读者四方面讨论文学活动各个环节所涉及的文学问题，描述整个文学活动的流动和反馈过程，揭示文学活动的发展演变规律，就成了文学理论的核心议题。文学概论课程的主要内容是与文学四要素构成的文学活动的结构和发展关系相对应的，一般由发展论、本质论、创作论、作品论、接受论五部分内容组成。

1. 文学活动发展论

文学活动作为人类的一种精神活动，有一个历史的发展过程，它是随着时代的演变而发展变化的。研究文学在不同历史阶段的不同特征及其演变规律，就构成了文学活动发展论。主要内容有：介绍几种关于文学原始发生的有较大影响的学说，比如巫术发生说、游戏发生说、宗教发生说以及劳动发生说等；讨论影响文学活动发展的根本动因及其多种因素；指出一定历史时期文学发展与物质生产发展的不平衡关系；论述文学发展中继承与创新的辩证关系；关注文学活动的当代发展，尤其是讨论现代传播媒介给文学生产与消费方式带来的变革，以及以网络文学为代表的当代文学新形态的发展与问题等。

2. 文学活动本质论

文学活动作为人类的一种特殊的精神活动，必然与人类的其他活动有着某种本质不同，而从总体上研究文学活动区别于其他活动的特殊性质，就构成了文学活动本质论。我们认为，文学是一种具有意识形态属性和审美属性的语言艺术活动。这里涉及三个层面的内容：首先是文学的社会意识形态属性。按照马克思的社会结构学说，作为意识形态的文学，属于社会的上层建筑。它一方面最终决定于社会的经济基础，也就是说，对于文学的情形归根到底要由经济基础来说明。另一方面，文学又与其他上层建筑如政治、法律、宗教、道德等有着紧密而复杂的关系，这使得无论是经济基础对文学的决定作用，还是文学对经济基础的反作用，都不可能是直接的，都要通过政治、法律等中介环节才能实现。其次是文学的审美属性。文学作为审美的艺术，将作为艺术活动的文学与社会的一般意识形态如宗教、道德等区分开来。文学的审美属性突出表现在其情感性和形象性上。最后是文学的语言艺术特性。文学作为语言的艺术，将其与其他艺术如音乐、绘画、戏剧等区分开来，其审美特性主要体现在形象的间接性和话语的蕴藉性上。

3. 文学创作论

"世界"可以理解为人们所说的社会生活，它是一切文学艺术的源泉。但社会生活的原料必须经过作家的艺术加工才能变成文学文本，而研究作家如何根据生活进行艺术创造的过程和规律，就形成了文学创作论。其内容主要涉及文学创作作为特殊的精神生产与其他精神生产的区别、文学创作中的主客体关系、对文学创作一般过程的描述、文学创作的心理机制、文学创作的价值追求等。

4. 文学作品论

作家创作出来的文学文本在阅读、研究和批评中变成了作品。文学作品是一个复杂的结构，题材、形象、语言、结构、风格等都是文学作品的构成要素，而研究作品的构成要素及其相互关系，就形成了作品构成论。文学作品论可以说是文学概论课程的重点内容，也是涉及文学问题最多的部分。因为无论是作家的艺术创造还是读者的审美接受，都是以作品为中心的。文学作品的类型、体裁、文本层次和文学形象的理想形态，乃至文学的风格、流派和思潮等，都是文学作品论要讨论的问题。

5. 文学接受论

作家笔下的文字作为文本，一定要经过读者的阅读、鉴赏和批评等，才能变成有血有肉的活的生命体，才能成为现实的审美对象，文学作品的价值才能得到真正的实现。而研究读者的接受过程和规律，就形成了文学接受论。20世纪中叶以来，随着西方接受理论的兴起，读者的阅读和鉴赏活动在整个文学活动中的地位和价值得到凸显，使文学研究的重心由作家作品转向了读者。在对文学接受过程的描述中，"期待视野"、接受动机和心境、"视野融合"以及文学接受的"填空"与"对话"、理解与误解等，成为文学研究的热门话题。尤其是信息技术和消费文化的介入，拓展了文学研究的视野和领域。人们对文学的生产方式、传播媒介、消费方式的思考，对文学接受的文化属性的讨论，对文学接受与文学经典互动关系的论述等，成为文学理论生产的新的知识增长点。至于文学批评，它既是文艺学一个相对独立的分支，同时又是文学理论不可或缺的组成部分。由于文学批评对以文学作品为中心的文学现象的分析、评价必须建立在阅读和鉴赏的基础上，我们也可以把它看作一种特殊的文学接受活动。因此，对文学批评性质和对象的界说，对马克思主义文学批评原则和标准的阐释，以及对文学批评类型与方法的介绍等，就成为文学接受论的重要内容。

（四）学习本课程的方法

1. 掌握概念，理清关系

文学理论课程的突出特点就是概念术语多，这是一种理论体系得以建立的基础，自然也是我们学习和理解文学理论的关键。因此，要想学好文学概论，就要从掌握概念入手。比如我们学习接受理论，首先要搞清楚"文本"与"作品"这一对概念。在接受理论中，文本和作品是两个不同的概念。文本是指作家创造的同读者发生关系之前的以文字符号的形式存在的东西，作品则是在具有鉴赏力的读者的阅读中，由作家和读者共同创造的产物。简单地说，作品是读者阅读中的文本，它只存在于读者的审美观照和感受中。在这里，读者不是一个被动的接受者，而是作品意义和价值的创造者。明白了这点，我们才能进一步理解读者在整个文学活动中的地位和作用。同时，文学理论是一门内在逻辑性很强的学科，各个部分之间有着较为紧密的逻辑关联。因而我们在学习时，不能孤立地看待其中某个部分的内容或结论，而应从整体上把握各个部分、各个方面以及各种观点之间的内在逻辑关系。比如，我们要理解艺术生产与物质生产的不平衡关系，就必须同时了解经济基础与意识形态的关系，了解经济基础与文学之间的中介因素，了解影响文学发展的外部因素及其内部规律等。这样才能全面理解一定历史时期的艺术生产与物质生产的不平衡现象。

2. 多读作品，积累经验

文学理论是从文学活动的实践经验中总结和提炼出来的，并且需要回到文学实践中经受检验。而人类的文学经验，无论是创作个性还是接受态度，无论是时代风气还是民族精神等，都突出、充分地凝结于文学作品之中。因而，要深刻理解文学理论的观点和原理，就要大量阅读古今中外的文学作品，从作品中体会不同作家的创作思想和写作技巧，领略不同时代的文学景观和艺术趣味，把握不同民族的价值观念和审美追求等，从中积累较为丰富的文学经验，并不失时机地用这些经验去填充和印证文学理论。这样，既有利于加深对文学问题的理解，又使我们的理论学习不至于从概念到概念、从原理到原理，流于空泛和枯燥乏味。

3. 以史观之，把握规律

无论是人类的文学现象还是文学理论本身，都是在不断发展变化着的。这就要求我们在学习文学概论课程的过程中，要自觉地用历史的眼光去看待文学现象或文学观念。也就是说，不能仅将一种文学现象或文学观点当作孤立的事件和问题去分析，要善于把它们放在文学史或文论史的背景中去考察，这样既可以凸显它们的独特价值和独到之处，又便于从中总结出某种规律性的东西，从而达到深刻、全面评价文学现象和把握理论意义的目的。

总之，文学理论具有典型的学科间性特征，它与哲学、社会学、文化学和艺术学等有着千丝万缕的联系。因此，要真正学好文学概论这门课程，不仅要不断地从多种学科中汲取营养，更要善于从社会实践、人生经历中去观察、学习和体悟。

（五）推荐书目（标△为必读书目）

[1] 童庆炳主编：《文学理论教程》（第五版），高等教育出版社，2015年。△

[2] 郭绍虞主编，王文生副主编：《中国历代文论选》，上海古籍出版社，2001年。

[3] 伍蠡甫等编：《西方文论选》，上海译文出版社，1979年。

[4] 南帆主编：《文学理论新读本》，浙江文艺出版社，2002年。

[5] 王一川：《文学理论》，四川人民出版社，2003年。

[6] 朱立元主编：《当代西方文艺理论》（第2版，增补版），华东师范大学出版社，2005年。

[7] ［美］勒内·韦勒克、［美］奥斯汀·沃伦著，刘象愚等译：《文学理论》（新修订版），浙江人民出版社，2017年。△

[8] ［美］乔纳森·卡勒著，李平译：《文学理论入门》，译林出版社，2008年。

[9] ［英］特雷·伊格尔顿著，伍晓明译：《二十世纪西方文学理论》，北京

大学出版社，2007 年。

[10]［英］特里·伊格尔顿著，范浩译：《文学阅读指南》，河南大学出版社，2015 年。

[11]［美］弗拉基米尔·纳博科夫著，申慧辉等译：《文学讲稿》，上海三联书店，2005 年。

六、美学概论课程学习导论

美学概论是汉语言文学专业的专业限选课，是一门以哲学、心理学、社会学等为理论资源，研究和理解人类审美的本质、特征、类型、范畴等一般问题的课程。

（一）课程教学目标与要求

1. 课程教学目标

（1）知识目标。通过学习本课程，使学生系统了解、掌握美学的基础知识，认识、把握纷繁复杂的审美活动的基本规律，以及社会美、自然美、艺术美、形式美和优美、崇高、悲剧、喜剧等美的种类和形态，探讨美的本质的各种观点、美育的实施途径和方法，等等。

（2）能力目标。初步培养和提高学生运用美学理论去分析、鉴赏自然、社会和艺术等各种审美现象的能力，运用所学知识对一些美学热点进行探究性思考与评价，提升审美与鉴赏能力，锻炼和启发创造性思维。

（3）素养目标。通过本课程对学生进行审美教育，培养学生的审美情趣，提高学生的审美修养，自觉追求人生的艺术化、审美化；注重对学生审美自觉性的培养和塑造，使学生在审美活动中获得审美人生的感悟与熏染，在审美境界中获得知性艺术和人生智慧；使学生系统掌握美学的基础知识和方法，从理性层面认识美，树立正确、进步的审美观，提高美的鉴赏力和人文素养，从而拥有诗性精神和诗意情怀。

2. 课程教学要求

（1）理论与实践相结合。一般认为，美学是一门抽象的课程，其基本理论知识是枯燥的。但是，美学还具有一般理论课程所不具备的实践性与当下性，用理论指导实践才是其根本目的。因此在教学中不能抽象地向学生传授某些既有的理论知识，应当在学生掌握基本理论和基础知识的前提下，注重联系实际，培养学生解决实际审美问题的能力，适当地安排审美鉴赏实践，以实现在审美实践中学习美学理论、提高审美能力的目的。例如，结合中西经典艺术作品，生动而深刻地引导学生走进艺术世界，启发学生自由感受、主动思考艺术的美妙形式和无限意味。此外，在当代审美文化发生巨大变化的现实文化背景下，教学时还可以抓住当下的审美热潮，选择典型的文艺作品或具体案例，引导学生用美学理论来解读当前的审美现象，强化其美学分析能力，以加强美学理论与现实的互动作用。例如，针对近年所谓"白瘦幼"的流行审美观，让学生根据所学到的美学范畴和身体美学等相关知识对其进行讨论，寻找这些审美现象背后的理论实质；用社会美理论评述"饭圈"文化、"粉丝"经济。

（2）利用现代多媒体教学手段，提高教学效果。利用现代多媒体技术，可以直观明了地将中西方艺术史上的经典作品呈现在学生的面前，为学生营造更为良好的学习氛围，把抽象的理论学习与鲜活的艺术实践紧密结合在一起。而且，视听结合的多媒体教学能够充分吸引学生的注意力，改变美学课程抽象、枯燥的传统印象。对学生而言，观摩相关视频材料，可以让他们对各种美学形态、艺术样式的独特魅力有切身体会。此外，还可以利用得天独厚的自然资源和历史文化积淀进行教学，通过实地参观的方式让学生亲身感受自然美、艺术美、社会美的特点。

（二）课程性质

美学概论是高校汉语言文学、哲学、艺术学专业及其他相关专业的必修、选修或通识教育课程，课程名称通常不一，或称"美学"，或称"美学原理"等，学生主要通过此课程研究和理解人类审美意识的发生，审美活动的本质、特征、类型、范畴与功能等一般问题。本课程的特点是综合性、人文性、渗透性和实践性，在知识内容上涉及了哲学、文学、艺术学、教育学、心理学等学科内容，在素质培养目标上着力于促进学生综合素质和审美修养的提高，在能力表现上体现于学生的审美能力训练和实践活动中，它不是直接获得某学科单一的、独立的教育效应，而是作为人才综合素质培养的重要部分对教师的教育教学活动起到全面渗透和辅助作用，增强其实施素质教育的意识、能力和水平。

对汉语言文学专业而言，美学概论与汉语言文学专业开设的其他课程关联密切，如中国古代文论、西方文论、文学概论、马克思主义基本原理等，其中有一些是美学概论的选修课程。需要注意的是，美学概论是美学学科家族中最基础的理论学科，它与其他美学分支学科有紧密关系，但又不同于中国美学史、西方美学史、现代西方美学、比较美学、马克思主义美学，也有别于文艺美学、影视美学，更有别于美术学、艺术学及任何单纯的文学或艺术理论。它从人类社会历史的发展历程揭示美和美感的产生与发展，从而与一般的文学艺术发展史相区别；它的研究对象涵盖了文学艺术、自然、社会中的美，且多是哲学和心理学的内容，而与一般具体的文学概论、艺术概论、社会学相区别；它注重研究美和美感的本质特征，具有相当的理论性，而与一般的文艺批评相区别；它强调实践的观点，强调文学艺术实践，又与哲学、心理学相区别；它重在讲述美学的一般基础理论，而与其他美学分支学科相区别。总之，它是一门相对独立的理论性和实践性较强的课程。

（三）学习本课程的意义与目的

1. 学习本课程的意义

（1）美学精神既包含理论研究，同时也在时时刻刻地引导着人类生活，具有广泛的人文价值。大学生作为社会的栋梁之材，肩负着创造与发展的重要使命，学习美学对于引导他们树立正确的审美观，培养高尚的审美情趣与理想，以及揭露、批判社会丑恶现象、正面引导积极现象，起着至关重要的作用。

（2）从感性层面而言，学习本课程可以让我们自觉地对人生、社会和自己的专业有一个反思的态度，从而完善自身的人格修养，提升自己的人生境界。

（3）学习本课程可以完善自身的理论修养、思维方式和知识结构。具体而言，就是培养学生做纯理论思考的兴趣和能力，也就是对人生、对生命、对存在、对真善美这样一些根本问题进行理论思考的兴趣和能力，从而使自己在获得各种具体学科的知识之外，更能获得一种人生的智慧。

2. 学习本课程的目的

（1）促进理论学习与实践。学习本课程有助于文学艺术创作和文学艺术批评等具体的审美实践。也就是说，通过学习本课程掌握一些美的规律、知识和理论，培养学生的理论思考与审美实践能力，为相关批评和解释提供必要的理论框架和语汇。

（2）美化自身或世界。学习本课程可以获得系统的关于审美和艺术的知识，有利于发掘学生的创造性思维，提高学生的审美欣赏水平，激发学生的审美创造能力，从而能较为自觉地按照美的规律美化自身或世界。

（3）提升竞争优势。随着审美化进程的深入发展，美学策略已经渗透日常生活的各个方面，学习本课程有助于增强学生的审美感知能力和审美理解能力，培育良好的人文素养和审美情趣，从而提升自己的竞争优势。

（4）实现人的全面发展。美学概论作为一门人文学科，最终要落实到人，实现对人的培养和塑造，促进人的全面发展，这也是现代美学发展的题中应有之义。现代社会中，科学主义和工具理性在很大程度上造成了人的片面发展，人成了马尔库塞所谓的"单向度的人"。在这一背景中，本课程的人文内涵就愈加凸显出来，愈加显示出培育全面发展的人的必要性和现实性。

（四）课程内容简介

本课程使用的是高等教育出版社出版的马克思主义理论研究和建设工程重点教材《美学原理》，以马克思主义实践观为基础，在合理吸收传统美学思想精华、关注和借鉴当前国内外美学研究新成果的同时，突出了美学理论的当代特点。教材由绪论、审美本质、审美经验、审美类型、审美范畴和审美教育六大板块构成。绪论主要介绍美学的发展简史、研究对象、学科特性与学习方法。教材主体部分也是课程主体部分，重点是学习关于审美活动的本质及其地位，审美经验的根源、心理结构、感受特性、心理要素、经验模式，社会美、自然美、艺术美等审美类型的美学内涵、基本特征及其价值，优美、崇高、悲剧、喜剧和丑等审美范畴的美学内涵、基本特征及其价值，审美教育的美学内涵、功能与实现途径等。

1. 审美本质

审美活动作为人把握世界的一种特殊方式，是人在情感与理智的统一中，按照"美的规律"把握现实的一种自由的创造性、实践性活动。审美本质是包括审美对象与审美意识在内的整体审美活动经验的本质，其基础与出发点是以劳动为核心的实践及其结构。审美本质是解释审美活动及其经验的第一原理，对审美本质的探讨是中西美学思想史的首要传统。

2. 审美经验

进行了审美活动，一般就会得到审美活动经验（简称"审美经验"）。审美经验是美学概论构成的基本内容，指经人类审美活动的累积在主体方面生成和构建起来的一种心理和精神的整体属性。审美经验是一个包含着审美感受、审美心理结构等形态的大系统，系统内部的各部分之间互相促进。

审美感受，即狭义的美感，是人们进行审美活动时的心理活动状态。审美心理结构是指人类审美活动的内化成果，是构成审美意识的基础，是审美经验系统中较为稳定的形式。其基本要素有感觉、知觉、想象、情感、领悟，它们共同制约着审美。

审美作为一种积极的心理过程，除了受审美心理要素制约外，还受审美经验模式的制约。审美经验模式主要有审美注意、审美体验、审美心理距离、审美移情、完形心理这五种。需要重点掌握的是审美心理距离、审美移情和完形心理，其中完形心理较为复杂。

审美注意是审美活动的开端，指的是审美主体在碰到审美对象时，把注意力集中和停留在审美对象上。审美体验是指审美主体在对审美对象的感受中所达到的精神超越和生命感悟。审美心理距离是指主体在对自然物和艺术品的欣赏过程中需要保持一种心理距离，这一理论的先驱是英国美学家爱德华·布洛，布洛于1912年提出"心理距离说"。审美移情是指主体的情感、意志投射到客观事物，使原本没有生命的事物仿佛有了情感和意志，产生"物我同一"的境界，只有在这种境界中，人才会感到这种事物是美的。审美移情理论的先驱是德国美学家、心理学家立普斯，他提出的"移情说"是19世纪下半叶到20世纪上半叶西方现代美学中影响最大的理论之一。需要注意的是，与"移情说"有密切联系的19世纪下半叶出现的"内模仿说"，代表人物是德国的谷鲁斯，这一理论侧重从生理学和心理学相结合的角度研究审美感受，认为人在观赏外物时，会用内心的意念活动去模仿外物的姿态或运动，吸收物的姿态和精神于自身。完形心理学（又称格式塔心理学）是1912年诞生的著名心理流派，美国美学家、心理学家鲁道夫·阿恩海姆将其运用到对艺术和审美现象的解释上。该理论认为人与客观事物具有"同形同构"关系，而审美欣赏的目的，就是借助审美对象与人的"同形同构"关系使自己的情感愿望得以实现。

3. 审美类型

审美类型也即审美活动存在领域，主要涉及社会美、自然美、艺术美，需着重了解它们的美学内涵、基本特征及其价值。

社会美是社会事物、社会现象、社会生活的美。社会美的实质是人的本质力量在各种活动中的感性显现，是美的最主要、最核心的部分。社会美源于社会实践，是社会实践的直接体现。由于与人类实践密切相关，社会美的范围十分广泛，渗透在人类社会生活的方方面面，举凡在人们的社会生活中显现出某种精神价值与自由的，都可以成为社会美的审美对象。具体来说，社会美的范围大致包括社会实践活动的美、社会实践成果的美，以及社会实践主体即人的美。社会美具有直接的现实存在性、自由自觉性、侧重善的内容的价值倾向性等特征。

自然美指客观世界中自然事物与自然现象的美，有外在自然物之美与内在天性之美（天然美）这两方面的内涵。自然美具有依赖自然事物及其属性、内容相对朦胧宽泛、形态多变、审美过程不可传达等特征，代表性模式包括如画模式、比德模式、宇宙本体和天成境界四种。

艺术美指的是艺术形态的美，是艺术家对生活和自然中审美特征的能动反映，是艺术家在对象世界中肯定自己的一种形式。它作为美的一种高级形态，既来源于客观现实，又不等同于客观现实，是艺术家创造性劳动的产物。艺术美通常以社会美为主题，以自然美的天然浑朴为形态榜样。艺术美的主要特征集中表现为形象性、主体性、审美性。

4. 审美范畴

审美范畴理论是在审美本质理论的指导和规划下，对审美现象的一种类型化概括，主要包括优美、崇高、悲剧、喜剧、丑。

优美与崇高是美的基本范畴，也是体现审美活动本质规律、具有对举特征的奠基性审美范畴。依照马克思实践论美学对审美本质的理解，优美与崇高是人的本质力量（自由实践劳动）的对象化活动，亦即规律（真）与目的（善）相统一的自由形式运动。优美，也称秀美。从审美对象来看，优美的对象一般具有轻缓、柔和、清新、秀丽、小巧、明媚等特征；从审美主体美感来看，优美的对象使人产生平静、松弛、舒畅等直接纯粹的愉悦感；从审美主客体关系来看，表现为主客体的和谐统一。崇高，也称壮美。从审美对象来看，一方面，崇高的对象大多具有雄伟壮阔的外表、非凡的力量、压倒一切的气势，具有雄壮、深厚、豪放、巨大、挺拔等特点，另一方面，崇高的对象具有刚毅坚强的内在品格，充满阳刚之气；从审美主体美感来看，崇高的对象使人具有以痛感、压抑感为基础、由不和谐到和谐、由痛感到快感的复杂心理体验；从审美主客体关系来看，表现为主客体的矛盾冲突。

作为美学范畴的悲剧、喜剧不同于作为日常话语、作为戏剧艺术类型的悲剧、喜剧。美学范畴的悲剧又称悲剧性或悲剧美，是指具有值得人同情、认同的个体，在特定必然性社会冲突中，遭遇不应有却又不可避免的不幸、失败甚至死亡结局的同时，个性遭到毁灭或者自由自觉的人性受到伤害。悲剧审美是对个性或人性毁灭事件自觉或不自觉的哲学性观照，具有悲剧人物、悲剧事件、悲剧悖论和悲剧效果四个基本要素。悲剧也因此有四重特征。首先，悲剧至少有一个值得同情和认同的个性化人物作为主人公。其次，悲剧人物会遭遇悲惨事件，并使个性遭到毁灭或者自由自觉的人性受到一定程度的伤害。再次，悲剧人物所遭遇的痛苦甚至死亡结局及其人性伤害或丧失，既是必然而不可避免的，又是不正当的、令人不可接受的。最后，悲剧会引发审美者恐惧、怜悯、悲伤等诸多复杂的情感反应与审美感受。

美学上所讲的喜剧又称喜剧性或喜剧美，是指有这样那样的弱点、缺陷甚至虚假、丑恶特性的人或对象，在特定的矛盾冲突或不和谐情境事件中暴露出自身的不协调与自相矛盾性，从而引人发笑的审美形态。喜剧审美则是对作为审美对象的喜剧主人公遮蔽自我个性或人性本质事件的揭露。喜剧审美同时具有喜剧人物、喜剧事件、喜剧矛盾和喜剧效果四个基本要素，因此它也有四个基本特征。首先，喜剧人物的无价值或反价值性。其次，喜剧事件的可笑性。再次，喜剧矛盾的突发性。最后，喜剧效果的愉悦性。

除了探究美，我们也需要探究"审美"的另一方面，即同样作为审美范畴的丑。它与美既对立又共存，与优美、崇高、悲剧、喜剧等其他审美范畴相关联且具有更为复杂多样的性质、特征和功用。丑有广义和狭义之分。广义的丑与广义的美对立，是现实对人的本质的否定，是对目的与规律相统一的破坏与背离。狭义的丑与狭义的美（优美）对立，是对优美的纯粹性、完满性与和谐性的否定和破坏。就形式而言，狭义的丑不符合形式美的规律，表现为畸形、不和谐、混乱、过度等特征；就内容来说，它表现为社会方面即道德上的恶行、生理上的畸形、精神上的怪癖、行为上的怪异、言论上的粗鄙。丑的形态分为怪、酷、荒诞和恐怖。

5. 审美教育

审美教育（简称"美育"）是本课程极其重要的一部分。美育，既是审美方式的教育活动，又是教育方式的审美活动。从美育的历史看，美育是指一种以审美活动（包括艺术活动）为主要方式与手段的教育活动，同时又是教育形态的审美活动，是人的全面发展不可缺少的关键环节。美育的特点主要体现在形象性、娱乐性、自由性、普遍性四个方面，美育的使命在于培养人的审美能力、陶冶性情、完善人格、引导人树立正确的审美观。美育的实施途径主要有进行审美理论学习，以及赏析艺术美、自然美、社会美。这部分内容还需要重点了解蔡元培的"以美育代宗教"。

（五）学习本课程的方法

1. 学习方法

本课程人文性、综合性和理论性较强，学习中应特别重视运用科学的学习方法。针对学生实际和课程实际，本课程提倡以问题学习法为主、实践学习法为辅的组合学习方式。

（1）问题学习法。一是指要在积极体验人生、思考人生意义的基础上，注意思考教材中有关美学与美育的基本理论；二是指注意完成小节后的"思考与练习"，消化和理解基本内容，为课程学习打下扎实的基础；三是指在学习过程中增强问题意识，形成反思习惯，带着问题反复阅读相关章节和参考资料，思辨质疑，并且把这种理论思考和阅读同现实的人生体验及具体的审美修养结合起来，训练学习本课程必需的思维能力。如果说艺术类专业开设美学课程的一大特点是围绕艺术鉴赏展开，哲学专业开设美学课程侧重理论思辨，那么汉语言文学专业开设此课程则尝试将这两点统一起来，让鉴赏与学理的结合成为美学的有效学法准备。这不仅是一种教学的展望，也是美学在学习要求与成效上的内在必然呼唤，是合乎教学逻辑本身的方法论设定。在这样的激发下，学生可以经由老师的因势利导，在自身真实鉴赏体验过程中探讨有趣而富于深度的问题。比如：作为自然美，《文心雕龙·神思》说"登山则情满于山，观海则意溢于海"，从美学角度推敲起来，这句话有值得怀疑之处吗？它和西方著名的"距离说"有何区别与联系？

（2）实践学习法。实践学习法对于本课程的学习有着不可代替的重要意义。一是指审美实践，要养成欣赏古今中外各种具体优秀艺术品、欣赏自然的习惯，培养艺术敏感和鉴赏力，这构成了本课程的审美修养前提。二是指在生活和学习中注意参与实际的美育实践，在领会美学与美育理论的同时积累美育经验，这是本课程的实践性和操作性本质所要求的。三是指教材和教学过程中的思考与练习、综合测试等作业实践，不能只看不做、只想不练，作业的过程也就是思考、温习、整合、转化的过程，不要忽视。四是研究性实践，学有余力或对本课程有更多兴趣的学生，可以就某个专题拟定研究题目，进行深入研究。

2. 具体要求

（1）理论学习与审美实践相结合。学习本课程时要自觉联系自身的审美体验和审美实践理解美学理论。在学习过程中，要注意理论联系实际，有意识地结合自己的审美活动感受，领会有关美学原理，培养和提高自己的审美能力，通过自己在生活中发现的审美现象、从事的各种艺术创作实践来理解美学规律。但需要注意的是，美学流派繁多，各家各派的观点良莠不齐，这就要求我们具有批判意识，在充分了解各种观点、主张的同时，用那些真正具有价值的观点来充实我们的学习，指导我们的审美实践。

（2）原理学习和美学史学习相结合。要结合人类历史，尤其是审美实践的历史、审美创造的历史、美学自身的发展史、中西方美学的发展史。美学原理吸收了美学史上一切美学思想的精华，学习美学史可以使我们通过对不同观点的分析和比较，加深对美学问题和理论的理解。例如，西方美学流派众多、观点迭起，但可以划分为唯物和唯心两大基本类别，如果我们对这两个类别的发展脉络有所了解的话，就可以很清晰地把诸如美的本质、美感、审美理论等相关内容串联起来，实现更好地记忆。中国美学同样如此。

（3）抽象思辨与诗性体验相统一。美学作为一门理论学科，需要我们用理性的态度来对待它。同时，它又是一门年轻的学科，许多问题有待进一步探讨。学习过程中，我们要学会用正确的指导思想和具体方法来研究身边的美学现象，解决实际的美学问题，从客观实际出发，从个人能力和兴趣爱好出发，独立思考，学以致用，丰富美学理论。作为大学生，我们既要培养自己的抽象思辨能力，又要有强烈的感悟能力。对待美学课程，更应该如此。因此，还需要主动亲近艺术品与大自然，通过一种诗性的方式，从审美的感性活动中，于自然或艺术的感性体验中，整体地领悟到审美客体所隐含的意蕴，把握人生的真谛，达到一种审美的理想境界。

（4）善用多个视野进行比较。通过比较的视角、普遍联系与跨学科的视野，在关系、比较与融通中理解问题，实现古今对接、中西比较、人物比较、观点比较。以当代审美视野观照古代审美事实，将西方理论成果与中国审美经验有机融通，如西方美学以"美"为最高范畴，中国以"道"为最高范畴并延伸出"神""妙""韵味"等；西方美学有严密的学科体系，中国美学多表现在艺术经验之中。又如，西方后现代审美思潮与中国传统道家思想的比较。

（5）完善知识架构，扩大知识面，主动阅读。可阅读哲学、文学、史学、艺术学、文化研究等书目，且应当读善本、读古著本，选权威作者、权威出版社。阅读过程中，要在弄懂文本语境、训诂字句的基础上，再思考其阐发的思想，在尊重文本的基础上进行创造。

（6）具备良好的心态。我们学习美学知识，不是为了单纯记住某条经典理论，也不应只为了背熟知识点去应付考试。说到底，美学是一种审美的世界观、方法论，是指导我们审视世界尤其是审视艺术世界的理论工具。因此，我们学习美学，更重要的是学会利用美学的基本理论视角和方法，去观照世界、观照人生、观照艺术。

（六）推荐书目（标△为必读书目）

1. 美学原理类

［1］王朝闻主编：《美学概论》，人民出版社，1981 年。

［2］李泽厚：《美学四讲：插图本》，广西师范大学出版社，2001 年。

［3］张法：《美学导论》（第 2 版），中国人民大学出版社，2004 年。△

［4］凌继尧：《美学十五讲》，北京大学出版社，2003 年。△

［5］叶朗：《美学原理》，北京大学出版社，2009 年。

［6］周宪：《美学是什么》，北京大学出版社，2015 年。

［7］朱立元主编：《美学》（第三版），高等教育出版社，2016 年。△

［8］《美学原理》编写组编：《美学原理》（第二版），高等教育出版社，2018 年。△

2. 中国美学类

［1］宗白华：《美学散步》，上海人民出版社，1981 年。△

［2］叶朗：《中国美学史大纲》，上海人民出版社，1985 年。△

［3］李泽厚：《美的历程：插图本》，广西师范大学出版社，2001 年。△

［4］朱良志编著：《中国美学名著导读》，北京大学出版社，2004 年。△

3. 西方美学类

［1］朱光潜：《西方美学史》（上、下卷），人民文学出版社，1979 年。△

［2］张法：《20 世纪西方美学史》，中国人民大学出版社，1990 年。

［3］李衍柱：《西方美学经典文本导读》，北京大学出版社，2006 年。△

［4］朱立元主编：《西方美学范畴史》，山西教育出版社，2006 年。

4. 其他

［1］朱光潜著，张隆溪译：《悲剧心理学——各种悲剧快感理论的批判研究》，人民文学出版社，1983 年。

［2］［德］格罗塞著，蔡慕晖译：《艺术的起源》，商务印书馆，1984 年。

［3］冯友兰著，涂又光译：《中国哲学简史》，北京大学出版社，1985 年。

［4］［德］弗里德里希·席勒著，冯至、范大灿译：《审美教育书简》，北京大学出版社，1985 年。

［5］徐复观：《中国艺术精神》，春风文艺出版社，1987 年。△

［6］［美］梯利著，［美］伍德增补，葛力译：《西方哲学史》（增补修订版），商务印书馆，1995 年。

［7］宗白华：《艺境》，北京大学出版社，1999 年。

［8］赵敦华：《西方哲学简史》，北京大学出版社，2001 年。

［9］［法］丹纳著，傅雷译，傅敏编：《艺术哲学：插图珍藏本》，广西师范大学出版社，2000 年。

［10］［德］康德著，邓晓芒译：《判断力批判》，人民出版社，2002 年。

［11］朱良志：《中国艺术的生命精神》（第 2 版：修订本），安徽教育出版社，2006 年。

［12］郭思编，杨伯编著：《林泉高致》，中华书局，2010 年。

［13］王国维著，徐调孚校注：《人间词话》，中华书局，2012 年。

［14］朱光潜：《谈美》，华东师范大学出版社，2012 年。△

七、中国古代文学课程学习导论

（一）课程教学目标与要求

1. 课程教学目标

通过本门课程的教授，学生能够认识中国古代文学发生、发展的历程，对中国古代文学的伟大成就和基本发展线索、规律有较为全面、系统的认识，并对各个历史时期的代表作家、重要作品的思想、艺术价值做出科学评价，从而培养和提高学生初步运用马克思主义立场、观点、方法，独立阅读、分析、评价中国古代文学的能力；提高学生的思想和文化素养，提高民族自豪感、爱国情操和审美素质，为发展中华民族新文化做出贡献。

2. 课程教学要求

文学史与文学作品二者关系密不可分，在教学过程中必须处理好它们之间的关系：以文学史的发展脉络为纲，以具体的作家作品为基础；用文学史来统率作品，又通过对具体作品的学习更深刻地理解和把握文学史；既避免脱离实际的空讲理论、空讲文学史的倾向，也避免忽视理论和文学史只讲作品的倾向。任何过分强调某一方面、忽略另一方面，将文学史与作品割裂开来的做法，都会影响中国古代文学教学的完整性。

（二）课程性质

中国古代文学课程是汉语言文学专业重要的主干课程之一，包括中国古代文学史和中国古代文学作品两大部分，是一门基础学科、传统学科，是汉语言文学专业学生学好其他课程的基础，它在汉语言文学专业乃至整个社会科学领域中占有重要地位。本课程能够帮助学生系统地了解中国古代文学发展的脉络和面貌，为他们掌握中国古代文学提供系统的、富有价值的知识。中国古代文学史的时间线从中华民族的上古时期、先秦时代一直延续到近代"五四"运动时期，一条文脉，史连千载。中国古代文学史的地域范畴囊括了中国古代境内各个地区、各个民族，广袤辽阔，视通万里。

（三）教与学的几个问题

1. 关于理论问题

中国古代文学是一门传统学科，它不但有自己独特的研究对象，而且有传统的术语、理论体系和研究方法。这套理论和方法从中国古代文学的发展实际中产生、积累而来，符合中国古代文学的特点和发展规律。因此，我们必须继承和发扬光大。同时，时代在进步，文化也在不断发展，域外新理论、新方法的不断涌入，又为中国古代文学教学和研究提供了新视角、新思路，带来了突破的可能性。因此我们必须予以重视，认真研究，择善而从。我们既不可故步自封、思想僵化，死抱传统不放；亦不可脱离中国古代文学的发展实际，盲目照搬。我们应以传统的理论和方法为基础，积极合理地吸收新理论，古为今用，洋为中用，中外结合，努力为中国古代文学的学科教学和科研开创新局面。

2. 关于教与研的问题

文学史知识点及作品，是教师教学的基本内容，也是学生学习的基本范围。教师讲课不会面面俱到，机械重复教材，而是根据教材的知识点，充分发挥自己的研究专长。也就是说：讲什么，大纲中有明确的要求；怎么讲，可各显其能，以期使教学生动活泼，收到最佳效果。教师的教学与科研是一个不可分割的整体。教师从教学实践中选择科研题目，并将成果转化为教学内容，使教学与科研互相促进。科研成果并不等同于教学内容。科研是学术问题，具有宽松的百家争鸣的学术氛围。而教学内容则有别于学术探讨，有些问题既可以是学术讨论的对象，也可以是课堂讲授的内容；但有些问题作为学术探讨可以，作为教学内容则不一定适合。

3. 关于作家与作品的问题

作家一般可分三类：①一流作家。详列其生平、思想的有关要点，要求学生详细、全面地掌握其有关情况。②中流作家。要求学生掌握其一般常识（有关称谓、文集重要版本及注本、所属流派、代表作品等），粗知其生平及思想概况。③一般作家。只在行文中涉及的作家，要求学生一般了解即可。

对于文学作品的处理：①入选作品。绝大部分是各个时代代表作家的代表作，在思想内容及艺术表现上均有特色。但其中也适当选入了一些只在思想内容上有价值或只在艺术表现上有特色的作品。②阅读作品。对文学作品的要求分为精读和阅读两大类，这两大类相加的总量，即学生的最低阅读量。对阅读作品，要求学生了解其作者、作品产生的时代，作家所属的流派及作品的基本内容。精读作品既是教师重点讲授的作品，也是需要学生重点学习和掌握的作品。对这部分作品，除了和阅读作品有相同的要求外，还要求学生做到熟、懂、会分析。

（四）课程教学任务

中国古代文学课程的教学任务就是要研究中国古代文学的创作与发展历史，研究中国古代文学在各个历史时期的主要内容及其发展情况和艺术规律，说明重要作家作品和当时社会的关系及其在文学发展中的地位、作用；介绍、评价各历史时期代表作家的生平、思想、创作活动；分析代表作品的思想内容、艺术特色。

（五）课程内容简介

中国古代文学课程所用教材为高等教育出版社出版的《中国古代文学史》（上、中、下），其内容分为九编，每三编为一个课程阶段：第一阶段为先秦、秦汉、魏晋南北朝文学，又称为"中国古代文学Ⅰ"；第二个阶段为隋唐五代、宋代、辽西夏金元文学，又称为"中国古代文学Ⅱ"；第三个阶段为明代、清前中期、晚清文学，又称为"中国古代文学Ⅲ"。现将每个阶段的主要内容介绍如下：

1. 中国古代文学Ⅰ

本阶段课程包括第一编先秦文学、第二编秦汉文学、第三编魏晋南北朝文学。

先秦文学的主要内容：①上古神话。包括神话的产生、流传和保存，神话形象和神话故事，上古神话的精神、艺术及影响，以《山海经》为重点。②《诗经》。包括《诗经》的结集与流传、《诗经》的内容和情感、《诗经》的艺术特征、《诗经》的文学地位和影响。③《左传》与春秋战国历史散文。包括《左传》《国语》《穆天子传》《晏子春秋》《战国策》等。④《孟子》《庄子》与春秋战国诸子散文。⑤屈原与楚辞赋。重点是介绍屈原，包括楚辞的产生、《九歌》《招魂》《天问》《离骚》《九章》等作品，以及屈原的文学地位和影响等内容；其次是宋玉及其辞赋。

秦汉文学的主要内容：①秦与西汉散文。秦代主要是介绍《吕氏春秋》与李斯的散文；西汉主要介绍董仲舒的奏议文，《淮南子》，《盐铁论》，刘向的奏议文及其《新序》《说苑》，扬雄的《法言》《剧秦美新》。②西汉辞赋。西汉骚体赋主要介绍贾谊的《吊屈原赋》《鹏鸟赋》，散体赋主要介绍枚乘的《七发》、司马相如的《子虚赋》《上林赋》，以及其他辞赋的创作与游猎赋的承袭。③司马迁与《史记》。包括司马迁的生平与《史记》的成书过程，《史记》的取材、断限及体例创新，《史记》的思想内涵与"实录"精神，《史记》的艺术成就，《史记》在文学史上的地位与影响等。④东汉辞赋。包括东汉京都赋作家及其创作主题、班固的辞赋观及其创作、张衡的京都赋与新抒情赋。⑤《汉书》及东汉其他散文。包括《汉书》人物传记的思想内涵、《汉书》的文学价值和影响以及东汉其他史传散文。⑥汉代乐府诗。包括乐府与乐府诗的分类、汉乐府诗的情怀表达、《十五从军征》《孤儿行》《妇病行》《上邪》《薤露》《蒿里》等作品、汉乐府诗的叙事方法以及汉乐府继承的诗歌传统及其影响。⑦汉代文人诗。包括楚声与西汉文人诗、五言诗的形成与东汉文人诗、《古诗十九首》的创作与风格。

魏晋南北朝文学的主要内容：①三国文学。包括曹氏父子与建安文学（曹操《蒿里行》《善哉行》《短歌行》《步出夏门行》、曹丕《燕歌行》、曹植《送应氏》《白马篇》、蔡琰《悲愤诗》），阮籍、嵇康与正始文学，吴、蜀文学，诸葛亮与《出师表》等。②两晋文学。包括张华、傅玄与晋初之风，陆机、潘岳、张协与太康文学，左思与寒士文学，东晋游仙诗、玄言诗。重点是陶渊明，包括田园诗的艺术境界、咏怀诗与咏史诗、《归去来兮辞》《桃花源记》《闲情赋》等文章。③南朝文学。包括谢灵运与山水诗，鲍照与大明、泰始年间文学风貌，谢朓与永明体，梁天监、普通年间文学，萧纲与宫体诗，南朝的骈俪文风，《文选》与《玉台新咏》。④北朝文学。包括北朝文学的发展与兴盛、北朝文学的成就、庾信和南北朝文风的融合、北朝乐府诗。⑤魏晋南北朝小说。包括魏晋南北朝小说的产生及类型、《搜神记》与志怪小说、《世说新语》与志人小说等。

2. 中国古代文学Ⅱ

本阶段课程包括第四编隋唐五代文学、第五编宋代文学、第六编辽西夏金元文学。

隋唐五代文学的主要内容：①隋及初唐文学。包括唐太宗朝宫廷文学，上官体，王绩《野望》，沈佺期、"初唐四杰"与陈子昂及张若虚等人的诗歌创新。②盛唐诗坛。包括两大流派，两个大家（李白、杜甫），孟浩然、王维与隐逸诗人群体，高适、岑参与边塞诗，京城诗人群体。③李白（重点）。包括李白的传奇经历与思想，李白的诗歌创作——古体诗的纵横开阖（《古风》五十九首、《玉壶吟》）、古题乐府的创新与个性张扬（《将进酒》《蜀道难》《行路难》《天马歌》《远别离》)、绝句的兴到神会、律诗的自然天成，李白诗歌的特征，李白的文学地位与影响。④杜甫（重点）。包括杜甫的生平及创作历程、"诗史"的性质、杜甫诗歌的艺术成就（众体兼长、律诗的开拓与卓越造诣、古体诗的开拓与创新、沉郁顿挫的风格）、杜甫的地位与影响。⑤中唐诗坛。包括"大历十才子"，韩愈、孟郊及"韩孟诗派"的其他诗人，刘禹锡与柳宗元的诗。⑥白居易与"元白诗派"。包括白居易、元稹的诗歌主张，白居易、元稹的讽喻诗与新乐府，白居易的闲适诗与元稹的悼亡诗，《长恨歌》《琵琶行》等长篇抒情叙事诗，"元白诗派"。⑦古文思潮与唐文的成就。包括古文运动的背景与韩柳的散文理论，韩愈、柳宗元的散文，骈文的新发展，晚唐小品文，唐文的艺术成就。⑧传奇与敦煌文学。包括唐传奇与笔记小说、变文与敦煌文学。⑨晚唐五代诗坛。包括杜牧、李商隐以及晚唐五代的其他诗人。⑩词的兴起与晚唐五代词。包括曲子词的兴起、温庭筠与花间词人、李煜与南唐词人。

宋代文学的主要内容：①北宋初期文学。包括"宋初三体"与王禹偁、欧阳修与北宋诗文革新（欧阳修的文学思想与文学创作、苏舜钦和梅尧臣、王安石和曾巩）。②北宋前期词坛。了解宋初词坛概况，重点是柳永及词的开拓。其次是晏殊和欧阳修的词、张先和其他词人。③苏轼及其文学家族。包括苏轼思想和文学主张，"三苏"文章，苏轼诗歌、词的成就。④黄庭坚与"江西诗派"。包括黄庭坚的思想个性、"黄庭坚体"诗词、陈师道、"江西诗派"。⑤北宋后期诗词。包括"苏门四学士"，晁补之和张耒的诗，晏几道、秦观、贺铸、周邦彦的代表词作。⑥南宋前期文学。重点是李清照的词，张元干与其他爱国词人，朱敦儒、叶梦得、向子諲的词，陈与义的简斋体与南渡初期诗歌。⑦陆游与中兴诗坛。包括陆游的文学主张、爱国诗与诗歌艺术，杨万里和诚斋体，范成大与新型田园诗，两宋理学诗派与朱熹的诗歌创作。⑧辛弃疾。包括辛弃疾生平，辛弃疾词的内容、艺术成就，"辛派"词人。⑨南宋后期的文学。包括"四灵诗派"与"江湖诗派"，姜夔的词，史达祖、高观国、吴文英、王沂孙、周密、蒋捷、张炎的词。⑩宋代说话与宋元话本。

辽西夏金元文学的主要内容：①辽西夏诗文与金代诗词。包括辽代诗歌，西夏诗文，金代诗歌、词作。重点是元好问的诗词。②元代诗词散文。③说唱艺术与诸宫调。包括鼓子词及其存世作品、诸宫调及其存世作品（重点是《西厢记诸宫调》)、宏伟的蒙古史诗。④元代前期杂剧。包括金元杂剧的兴起及杂剧的体制、白朴的《梧桐雨》与马致远的《汉宫秋》、北方其他杂剧作家与作品。⑤关汉卿的杂剧创作（重点）。包括关汉卿的生平与思想、关汉卿的悲剧作品

《窦娥冤》、关汉卿的喜剧作品《望江亭》《救风尘》、关汉卿杂剧在中国戏剧史上的意义。⑥王实甫与《西厢记》。包括王实甫的杂剧创作与"西厢"故事的新变、《西厢记》的喜剧性冲突、《西厢记》的语言魅力。⑦元代后期杂剧。包括北方杂剧的南移、元代后期的杂剧作家与作品。⑧元代散曲。包括散曲的形成与体式、元代前期散曲、元代后期散曲。⑨南戏的兴起、文体与《琵琶记》。包括南戏的兴起与文体、南戏重要剧目、高明与《琵琶记》。

3. 中国古代文学Ⅲ

本阶段课程包括第七编明代文学、第八编清前中期文学、第九编晚清文学。

明代文学的主要内容：①明前中期诗文。包括明初诗文，成化至正德年间的诗文，嘉靖、隆庆年间的诗文，八股文的定型与繁荣。②明代文言小说。包括"三灯丛话"及其他短篇小说、中篇传奇小说及笔记小说。③《三国志演义》《水浒传》（重点）。包括《三国志演义》的成书、作者与版本，《三国志演义》的文化内涵，《三国志演义》的创作特征，《三国志演义》的影响；《水浒传》的成书过程，《水浒传》的结构和主题，《水浒传》与说话中的"小说"传统，《水浒传》的影响。④明代戏曲。包括明代杂剧的历史进程、明代传奇的历史进程、吴江派与"汤沈之争"。⑤汤显祖（重点）。包括汤显祖的生平与人生观、《牡丹亭》及汤显祖的其他剧作。⑥《西游记》《金瓶梅》。包括《西游记》故事的流变及其作者问题、《西游记》的复杂内涵、《西游记》的审美特征、《西游记》的影响；《金瓶梅》的成书年代、作者与版本，《金瓶梅》"寄意于时俗"的特点，《金瓶梅》对确立世情小说审美特征的作用。⑦晚明诗文。包括晚明诗歌、晚明小品文、八股文的新变。⑧明代话本小说。包括话本小说在明代的兴盛与繁荣、"三言"的作品时代与创作特色、"二拍"所展现的人生场景。⑨明代词曲与民歌。包括明词、明代散曲与明代民歌。

清前中期文学的主要内容：①清初诗文的繁荣。包括遗民诗人对明代诗风的因革，钱谦益、吴伟业与清初诗坛的新变，王士禛、查慎行等"国朝诗人"，清初词坛阳羡词派、浙西词派、京华词人，学人之文与文人之文，清初古文三大家。②清初戏曲与《长生殿》《桃花扇》。包括清初戏曲"苏州派"、李渔及戏剧理论，《长生殿》《桃花扇》的思想与艺术。③《聊斋志异》与文言小说再兴。包括小说名著续书，《醒世姻缘传》，李渔的拟话本小说、才子佳人小说，蒲松龄与《聊斋志异》创作、《聊斋志异》创作的基本特征、狐鬼故事的社会人生意蕴，文言短篇的艺术创新，文言小说的再兴。④《儒林外史》。包括吴敬梓与《儒林外史》的创作，科举制下文人的腐败，正面形象的人文内涵，《儒林外史》

的结构、笔法。⑤《红楼梦》。包括曹雪芹和《红楼梦》的创作、《红楼梦》的悲剧意蕴、《红楼梦》的艺术叙事、《红楼梦》的影响。⑥清中叶文学的多元格局。包括古典诗坛的分流，袁枚与性灵诗潮，酝酿变化的清中叶词坛，桐城派及骈文的复兴，小说、戏曲与讲唱文学的多样化局面。

晚清文学的主要内容：①龚自珍的诗文。包括龚自珍的思想与文学观念、龚自珍的诗、龚自珍的散文。②魏源、林则徐与鸦片战争。包括鸦片战争时期的爱国诗潮，魏源与林则徐的诗，太平天国时期的诗人江湜、金和及太平天国时期的诗。③宋诗派的兴起与桐城派的承变。程恩泽、祁寯藻与宋诗派的兴起，何绍基与郑珍、莫友芝的诗，梅曾亮、曾国藩与桐城派的承变。④古典小说的畸变。包括侠义公案小说、儿女英雄小说、狭邪小说。⑤光绪、宣统、民国初年的诗文。包括同光体及其他诗歌流派、诗界革命的发生与展开、诗歌革新的巨子——黄遵宪、革命派的诗、梁启超的"新文体"与散文变革、晚清的词。⑥"小说界革命"与晚清戏曲。包括"小说界革命"与新小说的兴起、《官场现形记》与《二十年目睹之怪现状》、《老残游记》与《孽海花》、辛亥革命前后的小说、晚清戏曲。⑦藏族、蒙古族、柯尔克孜族的三大史诗。包括藏族史诗《格萨尔》、蒙古族史诗《江格尔》、柯尔克孜族史诗《玛纳斯》。

（六）教学形式

本课程以课堂教学为主，以自学和讨论为辅。学生除学好所规定的内容外，还必须多接触原著和古注，以提高自己阅读古文的能力；阅读必要的参考书和有关资料，开阔视野，扩大知识面，以提高自己的知识水平；要勤于思考，勤于动手，对重要或有价值的问题展开讨论，也可以撰写文章，以提高口头表达能力与写作能力。

（七）考试、考核

考试兼顾知识和能力两个方面，每份试题都应包括识记、理解和运用三个认知层次的内容。题目类型应该灵活多样，覆盖面宽。考试方法可以灵活，除闭卷笔试外，还可以采用课堂提问、口试，做指定的作业，撰写论文、读书笔记等形式，使考试成绩能够真正反映学生的实际水平。

（八）推荐书目

1. 教材类

[1] 袁行霈主编：《中国古代文学史》（1～4 卷），高等教育出版社，2005 年。

〔2〕袁行霈主编：《中国古代文学作品选》（1~4 册），人民文学出版社，2002 年。

〔3〕朱东润主编：《中国历代文学作品选》，上海古籍出版社，1980 年。

2. 扩展阅读类

（1）先秦文学书目 27 种。

〔1〕袁珂校注：《山海经校注》，上海古籍出版社，1980 年。

〔2〕袁珂选释：《古神话选释》，人民文学出版社，1979 年。

〔3〕胡厚宣主编：《甲骨文合集释文》，中国社会科学出版社，1999 年。

〔4〕容庚编注：《金文编》，中华书局，1985 年。

〔5〕孙星衍注疏：《尚书今古文注疏》，中华书局，1986 年。

〔6〕高亨注：《周易古经今注》，中华书局，1984 年。

〔7〕（汉）毛亨传，（汉）郑玄笺，（唐）孔颖达疏：《毛诗正义》，北京大学出版社，2000 年。

〔8〕（宋）朱熹集注：《诗集传》，上海古籍出版社，1980 年。

〔9〕（清）马瑞辰撰，陈金生点校：《毛诗传笺通释》，中华书局，1989 年。

〔10〕（晋）杜预集解：《春秋经传集解》，上海古籍出版社，1978 年。

〔11〕杨伯峻编著：《春秋左传注》（修订本），中华书局，1990 年。

〔12〕（三国·吴）韦昭注：《国语》，上海古籍出版社，1988 年。

〔13〕（晋）郭璞注：《穆天子传》，中华书局，1985 年。

〔14〕吴则虞编著：《晏子春秋集释》，中华书局，1962 年。

〔15〕（汉）刘向集录，（宋）曾巩校补，（宋）姚宏续注，（宋）鲍彪新注，（元）吴师道补正：《战国策》（汇注本），上海古籍出版社，1985 年。

〔16〕陈鼓应：《老子注译及评介》，中华书局，1984 年。

〔17〕（战国）孙武著，（魏）曹操等注：《孙子十家注》，上海书店，1986 年。

〔18〕（清）孙诒让注：《墨子间诂》，上海书店，1986 年。

〔19〕杨伯峻译注：《论语译注》，中华书局，1980 年。

〔20〕杨伯峻译注：《孟子译注》，中华书局，1960 年。

〔21〕（清）王先谦集解：《庄子集解》，上海书店，1986 年。

〔22〕（清）王先谦集解：《荀子集解》，上海书店，1986 年。

〔23〕（战国）韩非子著，陈奇猷校注：《韩非子新校注》，上海古籍出版社，2000 年。

〔24〕（宋）朱熹集注：《楚辞集注》，上海古籍出版社，1979 年。

［25］（宋）洪兴祖撰：《楚辞补注》，中华书局，1983 年。

［26］吴广平编注：《宋玉集》（增订修改本），岳麓书社，2001 年。

［27］（清）严可均校辑：《全上古三代秦汉三国六朝文》，中华书局，1958 年。

（2）秦汉文学书目 34 种。

［1］（清）严可均校辑：《全上古三代秦汉三国六朝文》，中华书局，1958 年。

［2］（南朝·梁）萧统编，（唐）李善注：《文选》，上海古籍出版社，1986 年。

［3］费振刚、胡双宝、宗明华辑校：《全汉赋》，北京大学出版社，1993 年。

［4］逯钦立辑校：《先秦汉魏晋南北朝诗》，中华书局，1983 年。

［5］（宋）郭茂倩编：《乐府诗集》，中华书局，1979 年。

［6］陈奇猷：《吕氏春秋新校释》，上海古籍出版社，2002 年。

［7］张中义、王宗堂、王宽行辑注：《李斯集辑注》，中州古籍出版社，1991 年。

［8］（西汉）贾谊著，王洲明、徐超校注：《贾谊集校注》，人民文学出版社，1996 年。

［9］《晁错集注释》组注：《晁错集注释》，上海人民出版社，1976 年。

［10］刘文典撰，冯逸、乔华点校：《淮南集解》，中华书局，1989 年。

［11］（汉）司马相如著，朱一清、孙以昭校注：《司马相如集校注》，人民文学出版社，1996 年。

［12］（汉）桓宽著，王利器校注：《盐铁论校注》，古典文学出版社，1958 年。

［13］（汉）刘向编著，石光瑛校释：《新序校释》，中华书局，2001 年。

［14］（汉）刘向著，赵善诒疏证：《说苑疏证》，华东师范大学出版社，1985 年。

［15］（汉）扬雄著，张震泽校注：《扬雄集校注》，上海古籍出版社，1993 年。

［16］汪荣宝撰，陈仲夫点校：《法言义疏》，中华书局，1987 年。

［17］（汉）司马迁著，（南朝·宋）裴骃集解，（唐）司马贞索隐，（唐）张守节正义：《史记》，中华书局，1959 年。

［18］韩兆琦编著：《史记笺证》，江西人民出版社，2004 年。

［19］张大可编著：《史记全本新注》，三秦出版社，1990 年。

［20］陈桐生：《中国史官文化与〈史记〉》，汕头大学出版社，1993 年。

［21］张新科：《史记与中国文学》，陕西人民教育出版社，1995 年。

［22］杨树增：《史记艺术研究》，学苑出版社，2004 年。

［23］（汉）班固著，（唐）颜师古注：《汉书》，中华书局，1962 年。

［24］（南朝·宋）范晔著，（唐）李贤等注：《后汉书》，中华书局，1965 年。

［25］张宗祥校注：《越绝书》，商务印书馆，1956 年。

［26］周生春：《吴越春秋辑校汇考》，上海古籍出版社，1997 年。

［27］（汉）桓谭：《新论》，上海人民出版社，1977 年。

［28］黄晖撰：《论衡校释》，中华书局，1990 年。

［29］张烈点校：《两汉纪》，中华书局，2002 年。

［30］张震泽校注：《张衡诗文集校注》，上海古籍出版社，1986 年。

［31］（汉）王符著，（清）汪继培笺，彭铎校正：《潜夫论笺校正》，中华书局，1985 年。

［32］邓安生：《蔡邕集编年校注》，河北教育出版社，2002 年。

［33］高文：《汉碑集释》，河南大学出版社，1997 年。

［34］隋树森编著：《古诗十九首集释》，中华书局，1955 年。

（3）魏晋南北朝文学书目 42 种。

［1］（清）严可均校辑：《全上古三代秦汉三国六朝文》，中华书局，1958 年。

［2］逯钦立辑校：《先秦汉魏晋南北朝诗》，中华书局，1983 年。

［3］（三国·魏）曹操著，中华书局编辑部编：《曹操集》，中华书局，2009 年。

［4］黄节笺：《汉魏乐府风笺》，人民文学出版社，1958 年。

［5］黄节注：《魏武帝魏文帝诗注》，人民文学出版社，1958 年。

［6］黄节注：《曹子建诗注》，人民文学出版社，1957 年。

［7］赵幼文校注：《曹植集校注》，人民文学出版社，1984 年。

［8］俞绍初辑校：《建安七子集》，中华书局，2005 年。

［9］俞绍初校点：《王粲集》，中华书局，1980 年。

［10］段熙仲、闻旭初编校：《诸葛亮集》，中华书局，1960 年。

［11］黄节注：《阮步兵咏怀诗注》，人民文学出版社，1957 年。

［12］陈伯君校注：《阮籍集校注》，中华书局，1987 年。

［13］戴明扬校注：《嵇康集校注》，人民文学出版社，1962 年。

［14］郝立权注：《陆士衡诗注》，人民文学出版社，1958 年。

［15］逯钦立校注：《陶渊明集》，中华书局，1979 年。

［16］袁行霈撰：《陶渊明集笺注》，中华书局，2003 年。

［17］叶笑雪选注：《谢灵运诗选》，古典文学出版社，1957 年。

［18］顾绍柏校注：《谢灵运集校注》，中州古籍出版社，1987 年。

［19］（南朝·宋）鲍照著，钱仲联增补集说校：《鲍参军集注》，上海古籍出版社，1980 年。

［20］曹融南校注：《谢宣城集校注》，上海古籍出版社，1991 年。

［21］李伯齐校注：《何逊集校注》（修订本），中华书局，2010 年。

［22］（北周）庾信撰，（清）倪璠注，许逸民校点：《庾子山集注》，中华书局，1980 年。

［23］谭正璧、纪馥华选注：《庾信诗赋选》，古典文学出版社，1958 年。

［24］（南朝·梁）萧统编，（唐）李善注：《文选》，中华书局，1997 年。

［25］（南朝·梁）萧统编，（唐）李善、（唐）吕延济、（唐）刘良等注：《六臣注文选》，中华书局，2012 年。

［26］（南朝·陈）徐陵编，（清）吴兆宜注，程琰删补，穆克宏点校：《玉台新咏笺注》，中华书局，1985 年。

［27］（清）纪容舒撰：《玉台新咏考异》（丛书集成初编本），商务印书馆，1937 年。

［28］（清）许梿评选，（清）黎经诰笺注：《六朝文絜笺注》，上海古籍出版社，1962 年。

［29］高步瀛：《魏晋文举要》，中华书局，1989 年。

［30］高步瀛：《南北朝文举要》，中华书局，1998 年。

［31］张珊、傅刚编选：《魏晋南北朝文选》，北京联合出版公司，2013 年。

［32］范文澜注：《文心雕龙注》，人民文学出版社，1958 年。

［33］（南朝·梁）刘勰著，詹锳义证：《文心雕龙义证》，上海古籍出版社，1989 年。

［34］曹旭集注：《诗品集注》（增订本），上海古籍出版社，2002 年。

［35］鲁迅辑：《古小说钩沉》，《鲁迅全集》（第八卷），人民文学出版社，2005 年。

［36］上海古籍出版社编，王根林、黄益元、曹光甫校点：《汉魏六朝笔记小说大观》，上海古籍出版社，1999 年。

［37］（东晋）干宝撰，汪绍楹校注：《搜神记》，中华书局，1979 年。

［38］（东晋）刘义庆撰，余嘉锡笺疏：《世说新语笺疏》，中华书局，2007 年。

［39］周祖谟校释：《洛阳伽蓝记校释》，中华书局，1963 年。

［40］王利器集解：《颜氏家训集解》（增补本），中华书局，2007 年。

［41］曹道衡、沈玉成编著：《南北朝文学史》，人民文学出版社，1991 年。

［42］傅刚：《魏晋南北朝诗歌史论》，吉林教育出版社，1995 年。

（4）隋唐五代文学书目 59 种。

［1］（清）彭定求等编：《全唐诗》，中华书局，1960 年。

［2］陈尚君辑校：《全唐诗补编》，中华书局，1992 年。

［3］董诰等编：《全唐文》（影印清刊本），中华书局，1983 年。

［4］陈尚君辑校：《全唐文补编》，中华书局，2005 年。

［5］逯钦立辑校：《先秦汉魏晋南北朝诗》，中华书局，1983 年。

［6］（唐）魏徵等撰：《隋书》，中华书局，1973 年。

［7］（宋）郭茂倩编：《乐府诗集》（影印本），人民文学出版社，2010 年。

［8］阎琦、李浩、李芳民注释：《唐文选》，人民文学出版社，2011 年。

［9］阎琦、李浩、李芳民注释：《唐诗选》，人民文学出版社，2015 年。

［10］西北大学唐代文学研究室编：《唐代文学研究》（光盘版），西北大学出版社，2012 年。

［11］（唐）王勃著，蒋清翊注：《王子安集注》，上海古籍出版社，1995 年。

［12］（唐）杨炯：《杨炯集》，中华书局，1980 年。

［13］（唐）卢照邻著，李云逸校注：《卢照邻集校注》，中华书局，1998 年。

［14］（唐）卢照邻著，祝尚书笺注：《卢照邻集笺注》，上海古籍出版社，1994 年。

［15］（唐）骆宾王著，（清）陈熙晋笺注：《骆临海集笺注》，上海古籍出版社，1985 年。

［16］（唐）陈子昂著，徐鹏校：《陈子昂集》，中华书局，1960 年。

［17］（唐）沈佺期、（唐）宋之问撰，陶敏、易淑琼校注：《沈佺期宋之问集校注》，中华书局，2001 年。

［18］（唐）王维撰，赵殿成笺注：《王右丞诗笺注》，中华书局，1961 年。

［19］（唐）王维撰，陈铁民校注：《王维集校注》，中华书局，1997 年。

［20］（唐）孟浩然著，徐鹏校注：《孟浩然集校注》，人民文学出版社，1989 年。

［21］（唐）孟浩然著，佟培基笺注：《孟浩然诗集笺注》，上海古籍出版社，

2000 年。

　　[22]（唐）高适著，刘开扬笺注：《高适诗集编年笺注》，中华书局，1981 年。

　　[23]（唐）高适著，孙钦善校注：《高适集校注》，上海古籍出版社，1984 年。

　　[24]（唐）岑参著，陈铁民、侯忠义校注，陈铁民修订：《岑参集校注》，上海古籍出版社，2004 年。

　　[25]（唐）岑参撰，廖立笺注：《岑嘉州诗笺注》，中华书局，2004 年。

　　[26]（唐）王昌龄撰，李云逸注：《王昌龄诗注》，上海古籍出版社，1984 年。

　　[27]（唐）李白著，王琦注：《李太白全集》，中华书局，1977 年。

　　[28]瞿蜕园、朱金城校注：《李白集校注》，上海古籍出版社，1980 年。

　　[29]（唐）李白著，安旗主编：《李白全集编年注释》，中华书局，2015 年。

　　[30]（唐）李白著，詹锳主编：《李白全集校注汇释集评》，百花文艺出版社，1996 年。

　　[31]（唐）杜甫著，钱谦益笺注：《钱注杜诗》，上海古籍出版社，1979 年。

　　[32]（唐）杜甫著，杨伦笺注：《杜诗镜铨》，中华书局，1962 年。

　　[33]（清）浦起龙：《读杜心解》，中华书局，1961 年。

　　[34]萧涤非主编：《杜甫全集校注》，人民文学出版社，2014 年。

　　[35]张忠纲主编：《杜甫大词典》，山东教育出版社，2009 年。

　　[36]（唐）韦应物著，陶敏、王友胜校注：《韦应物集校注》，上海古籍出版社，1998 年。

　　[37]（唐）韩愈撰，马其昶注：《韩昌黎文集校注》，上海古籍出版社，1986 年。

　　[38]（唐）韩愈著，钱仲联集释：《韩昌黎诗系年集释》，上海古籍出版社，2007 年。

　　[39]（宋）朱熹：《昌黎先生集考异》，上海古籍出版社，1985 年。

　　[40]（唐）柳宗元撰，吴文治等校点：《柳宗元集》，中华书局，1979 年。

　　[41]（唐）李贺著，王友胜、李德辉校注：《李贺集》，岳麓书社，2003 年。

　　[42]（唐）刘禹锡著，瞿蜕园笺证：《刘禹锡集笺证》，上海古籍出版社，1989 年。

　　[43]（唐）贾岛著，李建昆校注：《贾岛诗集校注》，台湾里仁书局，2002 年。

　　[44]（唐）白居易撰，朱金城笺校：《白居易集笺校》，上海古籍出版社，1989 年。

　　[45]（唐）元稹撰，周相录校注：《元稹集校注》，上海古籍出版社，2011 年。

　　[46]（唐）张籍：《张籍诗集》，中华书局，1959 年。

　　[47]（唐）王建：《王建诗集》，中华书局，1959 年。

［48］（清）周绍良笺证：《唐传奇笺证》，人民文学出版社，2000 年。

［49］黄征、张涌泉校注：《敦煌变文校注》，中华书局，1997 年。

［50］项楚选注：《敦煌变文选注》，中华书局，2006 年。

［51］项楚校注：《王梵志诗校注》（增订本），上海古籍出版社，2010 年。

［52］（唐）杜牧撰：《樊川文集》，上海古籍出版社，1978 年。

［53］（唐）杜牧撰，冯集梧注：《樊川诗集注》，中华书局，1962 年。

［54］（唐）李商隐撰，刘学锴、余恕诚集解：《李商隐诗歌集解》，中华书局，1988 年。

［55］（唐）郑谷撰，严寿澂、黄明、赵昌平笺注：《郑谷诗集笺注》，上海古籍出版社，1991 年。

［56］（唐）韦庄撰，向迪琮校订：《韦庄集》，人民文学出版社，1958 年。

［57］（唐）赵崇祚辑，李一氓校：《花间集校》，人民文学出版社，1958 年。

［58］（南唐）李璟、（南唐）李煜撰，无名氏辑，王仲闻校订：《南唐二主词校订》，人民文学出版社，1957 年。

［59］（唐）温庭筠、（唐）韦庄、（唐）冯延巳撰，曾昭岷校：《温韦冯词新校》，上海古籍出版社，1988 年。

（5）宋代文学书目 32 种。

［1］傅璇琮、孙钦善等主编：《全宋诗》，北京大学出版社，1991—1998 年。

［2］曾枣庄、刘琳主编：《全宋文》，上海辞书出版社、安徽教育出版社，2006 年。

［3］唐圭璋辑，王仲闻参订，孔凡礼补辑：《全宋词》，中华书局，1999 年。

［4］（清）吴之振、（清）吕留良、（清）吴自牧选，（清）管庭芬、（清）蒋光煦补：《宋诗钞》，中华书局，1986 年。

［5］吴文治主编：《宋诗话全编》，江苏古籍出版社，1998 年。

［6］郭绍虞：《宋诗话考》，中华书局，1979 年。

［7］郭绍虞辑：《宋诗话辑佚》，中华书局，1980 年。

［8］（清）何文焕辑：《历代诗话》，中华书局，1981 年。

［9］（清）丁福保辑：《历代诗话续编》，中华书局，1983 年。

［10］唐圭璋编：《词话丛编》，中华书局，2005 年。

［11］张惠民编：《宋代词学资料汇编》，汕头大学出版社，1993 年。

［12］吴熊和主编：《唐宋词汇评》（两宋卷），浙江教育出版社，2004 年。

［13］（清）厉鹗编：《宋诗纪事》，上海古籍出版社，1983 年。

［14］曾枣庄、李凯、彭君华编：《宋文纪事》，四川大学出版社，1995 年。

［15］（宋）林逋撰，沈幼征校注：《林和靖诗集》，浙江古籍出版社，1986 年。

［16］（宋）杨亿编，王仲荦注：《西昆酬唱集注》，中华书局，1980 年。

［17］（宋）梅尧臣撰，朱东润编年校注：《梅尧臣集编年校注》，上海古籍出版社，1980 年。

［18］（宋）苏舜钦撰，沈文倬校点：《苏舜钦集》，中华书局，1961 年。

［19］（宋）王安石撰：《临川先生文集》，中华书局，1959 年。

［20］（宋）王安石撰，（宋）李壁笺注：《王荆文公诗笺注》，中华书局，1958 年。

［21］（宋）苏轼撰，（清）王文诰辑注，孔凡礼点校：《苏轼文集》，中华书局，1986 年。

［22］（清）王文诰撰：《苏文忠公诗编注集成总案》，巴蜀书社，1985 年。

［23］（宋）苏轼撰，（清）王文诰辑注，孔凡礼点校：《苏轼诗集》，中华书局，1982 年。

［24］（宋）曾巩撰，陈杏珍、晁继周点校：《曾巩集》，中华书局，1984 年。

［25］（宋）黄庭坚撰：《山谷诗注：内集　外集　别集》，中华书局，1985 年。

［26］（宋）吕本中撰，沈晖点校：《东莱诗词集》，黄山书社，1991 年。

［27］（宋）陈与义撰，白敦仁校笺：《陈与义集校笺》，上海古籍出版社，1990 年。

［28］（宋）陆游撰：《陆游集》，中华书局，1976 年。

［29］（宋）陆游撰，钱仲联校注：《剑南诗稿校注》，上海古籍出版社，1985 年。

［30］（宋）范成大：《范石湖集》，上海古籍出版社，1981 年。

［31］（宋）辛弃疾撰，邓广铭辑校审订，辛更儒笺注：《辛稼轩诗文笺注》，上海古籍出版社，1995 年。

［32］（宋）陈亮撰，邓广铭点校：《陈亮集》，中华书局，1987 年。

（6）辽西夏金元文学书目 30 种。

［1］章黄荪选注：《辽金元诗选》，古典文学出版社，1958 年。

［2］邓绍基选注：《金元诗选》，人民文学出版社，2005 年。

［3］（金）元好问编：《中州集》，古典文学出版社，1959 年。

［4］狄宝心校注：《元好问诗编年校注》，中华书局，2011 年。

［5］狄宝心校注：《元好问文编年校注》，中华书局，2012 年。

［6］（元）萨都剌著，殷孟伦、朱广祁校点：《雁门集》，上海古籍出版社，1982 年。

［7］李梦生标校：《揭傒斯全集》，上海古籍出版社，1985 年。

［8］邹志方点校：《杨维桢诗集》，浙江古籍出版社，2010 年。

［9］张文澍校点：《吴莱集》，吉林文史出版社，2010 年。

［10］（元）方回选评，李庆甲集评校点：《瀛奎律髓汇评》，上海古籍出版社，1986 年。

［11］阎凤梧主编：《全辽金文》，山西古籍出版社，2002 年。

［12］阎凤梧等主编：《全辽金诗》，山西古籍出版社，2003 年。

［13］张景星等编选：《元诗别裁集》，上海古籍出版社，1979 年。

［14］（元）苏天爵编：《元文类》，上海古籍出版社，1993 年。

［15］唐圭璋编：《全金元词》，中华书局，1994 年。

［16］隋树森选编：《全元散曲简编》，上海古籍出版社，1995 年。

［17］陈乃乾辑：《元人小令集》，古典文学出版社，1958 年。

［18］刘永济辑录：《元人散曲选》，上海古籍出版社，1981 年。

［19］王季思主编：《全元戏曲》，人民文学出版社，1999 年。

［20］顾学颉选注：《元人杂剧选》，人民文学出版社，1998 年。

［21］徐沁君校点：《新校元刊杂剧三十种》，中华书局，1980 年。

［22］蓝立萱校注：《汇校详注关汉卿集》，中华书局，2006 年。

［23］王季思校注：《西厢记》，上海古籍出版社，1978 年。

［24］凌景埏校注：《董解元西厢记》，人民文学出版社，1980 年。

［25］李时人、蔡镜浩校注：《大唐三藏取经诗话校注》，中华书局，1997 年。

［26］丁锡根点校：《宋元平话集》，上海古籍出版社，1990 年。

［27］程毅中辑注：《宋元小说家话本集》，齐鲁书社，2000 年。

［28］钱南扬校注：《永乐大典戏文三种校注》（第 2 版），中华书局，2009 年。

［29］俞为民校点：《宋元四大戏文读本》，江苏古籍出版社，1988 年。

［30］钱南扬校注：《元本琵琶记校注》，上海古籍出版社，1980 年。

（7）明代文学书目 51 种。

［1］（明）宋濂著，罗月霞主编：《宋濂全集》，浙江古籍出版社，1999 年。

［2］（明）刘基著，林家骊点校：《刘基集》，浙江古籍出版社，1999 年。

［3］（清）金檀辑注，徐澄宇、沈北宗校点：《高青丘集》，上海古籍出版

社，1985 年。

［4］（明）罗贯中：《三国志通俗演义》，人民文学出版社，1974 年。

［5］（明）罗贯中著，（明）毛纶、（明）毛宗岗评点，刘世德、郑铭点校：《三国志演义》，中华书局，1995 年。

［6］（明）施耐庵、罗贯中：《水浒传》，人民文学出版社，1975 年。

［7］（明）瞿佑等著，周楞伽校注：《剪灯新话》（外二种），上海古籍出版社，1981 年。

［8］（明）朱有燉著，翁敏华点校：《诚斋乐府》，上海古籍出版社，1989 年。

［9］（明）李东阳著，周寅宾点校：《李东阳集》，岳麓书社，1984 年。

［10］（明）王阳明著，吴光等编校：《王阳明全集》，上海古籍出版社，1992 年。

［11］（明）康海著，周永瑞点校：《沜东乐府》，上海古籍出版社，1989 年。

［12］（明）王九思著，沈广仁点校：《碧山乐府》，上海古籍出版社，1989 年。

［13］（明）王磐著，李庆点校：《王西楼乐府》，上海古籍出版社，1989 年。

［14］（明）陈铎著，杨权长点校：《陈铎散曲》，上海古籍出版社，1989 年。

［15］（明）梁辰鱼著，彭飞点校：《江东白苎》，上海古籍出版社，1989 年。

［16］（明）金銮著，骆玉明点校：《萧爽斋乐府》，上海古籍出版社，1989 年。

［17］（明）冯惟敏著，汪贤度点校：《海浮山堂词稿》，上海古籍出版社，1989 年。

［18］（明）施绍莘著，来云点校：《秋水庵花影集》，上海古籍出版社，1989 年。

［19］（明）吴承恩：《西游记》，人民文学出版社，1980 年。

［20］（明）归有光著，周本淳校点：《归震川集》，上海古籍出版社，1981 年。

［21］（明）李攀龙著，包敬第标校：《沧溟先生集》，上海古籍出版社，1992 年。

［22］（明）李贽：《焚书 续焚书》，中华书局，1975 年。

［23］（明）徐渭：《徐渭集》，中华书局，1983 年。

［24］（明）徐渭：《南词叙录》，《中国古典戏曲论著集成》（第三卷），中国戏剧出版社，1959 年。

［25］（明）许仲琳：《封神演义》，人民文学出版社，1973 年。

［26］（明）汤显祖著，徐朔方笺校：《汤显祖诗文集》，上海古籍出版社，1978 年。

［27］（明）汤显祖著，钱南扬校点：《汤显祖戏曲集》，上海古籍出版社，1978 年。

［28］（明）胡应麟：《诗薮》，上海古籍出版社，1979 年。

［29］（明）袁宗道著，钱伯城点校：《白苏斋类稿》，上海古籍出版社，1989 年。

［30］（明）袁宏道著，钱伯城笺校：《袁宏道集笺校》，上海古籍出版社，2008 年。

［31］（明）袁中道著，钱伯城点校：《珂雪斋集》，上海古籍出版社，1989 年。

［32］（明）钟惺著，李先耕、崔重庆标校：《隐秀轩集》，上海古籍出版社，1992 年。

［33］（明）毛晋编：《六十种曲》，中华书局，1958 年。

［34］（明）兰陵笑笑生：《金瓶梅词话》，人民文学出版社，2000 年。

［35］（明）冯梦龙著，魏同贤主编：《冯梦龙全集》，上海古籍出版社，1993 年。

［36］（明）冯梦龙编撰，许政扬校注：《古今小说》，人民文学出版社，1958 年。

［37］（明）冯梦龙编撰：《警世通言》，人民文学出版社，1956 年。

［38］（明）冯梦龙编撰：《醒世恒言》，人民文学出版社，1956 年。

［39］（明）凌濛初：《拍案惊奇》，上海古籍出版社，1982 年。

［40］（明）陈子龙著，王英杰编纂：《陈子龙全集》，人民文学出版社，2011 年。

［41］（明）张岱著，夏咸淳校点：《张岱诗文集》，上海古籍出版社，1991 年。

［42］（明）夏完淳著，白坚笺校：《夏完淳集笺校》，上海古籍出版社，1991 年。

［43］（清）钱谦益撰辑，许逸民、林淑敏点校：《列朝诗集》，中华书局，2007 年。

［44］（清）黄宗羲编：《明文海》，中华书局，1987 年。

［45］（清）朱彝尊选编：《明诗综》，中华书局，2007 年。

［46］（清）张廷玉等撰：《明史》，中华书局，1974 年。

［47］（清）方苞编，王同舟、李澜校注：《钦定四书文校注》，武汉大学出版社，2009 年。

［48］（清）沈德潜、周准编：《明诗别裁集》，上海古籍出版社，1979 年。

［49］（清）陈田辑撰：《明诗纪事》，上海古籍出版社，1993 年。

［50］丁福保编：《历代诗话续编》，中华书局，1983 年。

［51］谢伯阳编：《全明散曲》，齐鲁书社，1993 年。

（8）清前中期文学书目 29 种。

［1］（清）钱谦益著，（清）钱曾笺注，钱仲联标校：《钱牧斋全集》，上海古籍出版社，2003 年。

［2］（清）程穆衡原笺，（清）杨学沆补注：《吴梅村诗集笺注》，上海古籍出版社，1983 年。

［3］（清）侯方域著，王树林校笺：《侯方域全集校笺》，人民文学出版社，

2013 年。

[4]（清）王士禛：《王士禛全集》，齐鲁书社，2007 年。

[5]（清）陈维崧撰，陈振鹏标点，李学颖校补：《陈维崧集》，上海古籍出版社，2010 年。

[6]（清）纳兰性德撰，赵秀亭、冯统一笺校：《饮水词笺校》，中华书局，2005 年。

[7]（清）李渔：《笠翁十种曲》（影印清刊本），中华书局，1983 年。

[8]（清）李玉著，王毅校点：《清忠谱》，人民文学出版社，1990 年。

[9]（清）洪昇著，徐朔方校注：《长生殿》，人民文学出版社，1958 年。

[10]（清）孔尚任著，王季思等校注：《桃花扇》，人民文学出版社，1959 年。

[11]（清）陈忱：《水浒后传》（古本小说集成本），上海古籍出版社，1994 年。

[12]（清）丁耀亢：《续金瓶梅》，齐鲁书社，1988 年。

[13]（清）西周生：《醒世姻缘传》，齐鲁书社，1980 年。

[14]（清）李渔：《连城璧》（古本小说集成本），上海古籍出版社，1994 年。

[15]（清）李渔：《十二楼》，人民文学出版社，1986 年。

[16]（清）天花藏主人：《平山冷燕》（古本小说集成本），上海古籍出版社，1994 年。

[17]（清）蒲松龄著，张友鹤整理：《聊斋志异》（会校会注会评本），上海古籍出版社，1979 年。

[18]（清）纪昀：《阅微草堂笔记》，上海古籍出版社，1980 年。

[19]袁世硕、徐仲伟：《蒲松龄评传》，南京大学出版社，2000 年。

[20]（清）吴敬梓：《儒林外史》，人民文学出版社，1977 年。

[21]陈美林：《吴敬梓评传》，南京大学出版社，1990 年。

[22]（清）曹雪芹、（清）高鹗著，中国艺术研究院红楼梦研究所校注：《红楼梦》，人民文学出版社，1992 年。

[23]（清）曹雪芹：《脂砚斋重评石头记》（庚辰本），上海古籍出版社，1981 年。

[24]（清）方苞著，刘季高校点：《方苞集》，上海古籍出版社，1983 年。

[25]（清）姚鼐著，刘季高标注：《惜抱轩诗文集》，上海古籍出版社，1992 年。

[26]（清）厉鹗著，（清）董兆熊注，陈九思标校：《樊榭山房集》，上海古籍出版社，1992 年。

［27］（清）黄景仁著，李国章标点：《两当轩集》，上海古籍出版社，1983 年。

［28］（清）袁枚著，周本淳标校：《小仓山房诗文集》，上海古籍出版社，1988 年。

［29］（清）郑燮：《郑板桥集》，广陵书社，2011 年。

（9）晚清文学书目 42 种。

［1］（清）龚自珍著，王佩诤校：《龚自珍全集》，上海古籍出版社，1999 年。

［2］刘逸生、周锡𩐎注：《龚自珍编年诗注》，浙江古籍出版社，1995 年。

［3］（清）魏源：《魏源集》，中华书局，1976 年。

［4］（清）林则徐：《林则徐集》，中华书局，1965 年。

［5］（清）程恩泽：《程侍郎遗集》，中华书局，1985 年。

［6］（清）祁寯藻：《祁寯藻集》，三晋出版社，2011 年。

［7］（清）何绍基著，曹旭校点：《东洲草堂诗集》，上海古籍出版社，2006 年。

［8］白敦仁：《巢经巢诗钞笺注》，巴蜀书社，1996 年。

［9］（清）梅曾亮著，胡晓明、彭国忠校点：《柏枧山房诗文集》，上海古籍出版社，2005 年。

［10］（清）曾国藩著，王澧华校点：《曾国藩诗文集》，上海古籍出版社，2005 年。

［11］（清）江湜著，左鹏军校点：《伏敔堂诗录》，上海古籍出版社，2008 年。

［12］（清）金和著，胡露校点：《秋蟪吟馆诗钞》，上海古籍出版社，2009 年。

［13］（清）俞万春：《荡寇志》，人民文学出版社，1981 年。

［14］（清）石玉昆：《三侠五义》，人民文学出版社，2001 年。

［15］（清）文康：《儿女英雄传》，上海古籍出版社，2001 年。

［16］（清）韩邦庆著，典耀整理：《海上花列传》（第 2 版），人民文学出版社，2006 年。

［17］鲁迅：《中国小说史略》，《鲁迅全集》（第九卷），人民文学出版社，2005 年。

［18］陈三立著，李开军校点：《散原精舍诗文集》（增订本），上海古籍出版社，2014 年。

［19］郑孝胥著，黄珅、杨晓波校点：《海藏楼诗集》（增订版），上海古籍出版社，2013 年。

［20］沈曾植注，钱仲联校注：《沈曾植集校注》，中华书局，2001 年。

［21］（清）王闿运著，马积高主编：《湘绮楼诗文集》，岳麓书社，2008 年。

［22］易顺鼎著，王飙校点：《琴志楼诗集》，上海古籍出版社，2012 年。

［23］樊增祥著，涂晓马、陈宇俊校点：《樊樊山诗集》，上海古籍出版社，2004 年。

［24］梁启超：《饮冰室合集》（影印本），中华书局，1989 年。

［25］（清）黄遵宪著，钱仲联笺注：《人境庐诗草笺注》，上海古籍出版社，1981 年。

［26］秋瑾、徐自华著，郭延礼、郭蓁编：《秋瑾集·徐自华集》，中华书局，2015 年。

［27］柳亚子著，柳亚子文集编辑委员会编：《磨剑室诗词集》，上海人民出版社，1985 年。

［28］郭长海、金菊贞编：《高旭集》，社会科学文献出版社，2003 年。

［29］陈去病著，张夷主编：《陈去病全集》，上海古籍出版社，2009 年。

［30］（清）蒋春霖著，刘勇刚笺注：《水云楼诗词笺注》，上海古籍出版社，2011 年。

［31］朱孝臧著，白敦仁笺注：《彊村语业笺注》，巴蜀书社，2002 年。

［32］文廷式著，汪叔子编：《文廷式集》，中华书局，1993 年。

［33］王国维著，彭玉平疏证：《人间词话疏证》，中华书局，2011 年。

［34］钱仲联编著：《近代诗钞》，江苏古籍出版社，1993 年。

［35］（清）严迪昌编著：《近代词钞》，江苏古籍出版社，1996 年。

［36］（清）李伯元：《官场现形记》，上海古籍出版社，2011 年。

［37］（清）吴趼人：《二十年目睹之怪现状》，上海古籍出版社，2011 年。

［38］（清）刘鹗：《老残游记》，上海古籍出版社，2011 年。

［39］（清）曾朴：《孽海花》，上海古籍出版社，2011 年。

［40］［法］小仲马著，林纾、王寿昌译：《巴黎茶花女遗事》，商务印书馆，1981 年。

［41］马以君编注：《苏曼殊文集》，花城出版社，1991 年。

［42］向燕南、匡长福主编：《鸳鸯蝴蝶派言情小说集粹》，中央民族学院出版社，1993 年。

八、中国现代文学课程学习导论

（一）课程教学目标与要求

本课程的教学目标是了解"五四"新文学、新文化运动以来中国现代文学的一般历史情况、文学状况，认识和理解中国现代文学之于中国古代文学与中国当代文学之历史转型及承接的重要价值与意义。具体而言，本课程的教学和学习需注意以下三点：

首先，帮助学生认识、了解中国现代文学的发生、发展与变化的一般情况，提高学生对经典作家与作品的鉴赏水平与理解能力。

其次，注意掌握中国现代文学的发展脉络，主要学习小说、诗歌、散文、戏剧等文类。除曹禺的话剧外，其他做概要性的了解即可。

最后，提高学生作品阅读、历史认知、独立思考的能力。

本课程的学习应该注意紧扣中国现代文学史发展的主要脉络，以线串点、连点成线，从而将现代文学史的一般发展脉络与重点文学史现象、重点作家、重点作品有机地联系在一起。

（二）课程性质

中国现代文学课程是高等学校汉语言文学专业的基础课之一，是该专业学生了解和掌握中国现代文学知识的主要课程。本课程以中国现代文学发展的历史现象为基础，梳理中国现代文学发展的历史脉络，了解并学习在这一历史时期出现的主要作家、作品以及重要批评理论。

（三）学习本课程的意义与目的

（1）系统了解中国现代文学的基础知识，全面掌握"新文学""新文化"革命以来的文学思潮、作家、作品、文学批评等基本概况，理解中国现代文学的基本特征、发展过程、主要成就，学习并初步掌握与中国现代文学相关的语言表达能力。

（2）通过结合具体历史语境与适当的阅读方法，解读中国现代文学史中的重要作家、作品，以提高对中国现代文学作品的鉴赏能力。

（3）学习如何分析和评价中国现代文学史中的重要作家、作品，培养解读文学史现象的能力。从文学、文化的基本思想及性质来看，所谓"现代文学"并非只是1917—1949年这三十余年的历史，而是指中国在具体历史的推动、影响乃至压力下所发生并持续展开的"现代性"的文学，即以"现代性"的视野构造新的语言形式、表达中国人的思想与情感，进而区别于传统文学的新的文学。

（四）课程内容简介

本课程按学界"现代文学三十年"的一般分法，将内容分为三大部分（约每十年为一个部分），即三个"文学十年"。每部分的学习，首先是概要地了解每个文学发展阶段的文学思潮与运动，初步了解相应十年的文学基本状况；在此基础上，分章学习小说、诗歌、散文和戏剧等方面的内容，需以作家、作品的学习为中心。鲁迅、郭沫若、曹禺、沈从文等重要的作家设专章评述（专章作家的学习，侧重其创作的重要性与完整性，对于相关作品的学习，不应拘泥于上述三个"文学十年"的分期）。

1. 第一个"文学十年"（1917—1927 年）

（1）文学思潮与运动。

文学思潮与运动的主要内容分为四个方面：第一，文学革命发生与发展的过程；第二，初期文学理论建设；第三，"五四"时期文学创作的潮流；第四，外来思潮与文学社团。

首先是文学革命发生与发展的过程。①关注文学革命发展的背景与动因，注意"晚清"变革与"五四"新文化、新文学变革之间的关系。晚清以来出现的文学变革（如"诗界革命""小说界革命"和白话文等），具有"双重""现代性"的特征，它既开始了中国文学与文化的现代转型，同时仍然是在旧有的传统文学内部所进行的变革。真正具有革命性意义的文学、文化突变，还是发生在1915 年《青年杂志》（后改称《新青年》）创刊之后。②关注新文学革命与新文化运动之间的关联。新文学革命从属于新文化运动，新文化运动之启蒙思想引导、规范了新文学运动；新文学革命为新文化运动的重要组成部分，有力地推进了新文化运动的开展。③了解新文学革命的发动过程，重点关注《新青年》创刊号之"民主""科学"思想的大力推进；了解陈独秀《文学革命论》与胡适《文学改良刍议》的主要观点和历史功绩。

其次是初期文学理论建设。了解胡适、周作人与新文学初期理论建设：关注胡适和"白话文学论""历史的文学观念论"；周作人前期提出的"人的文学"对文学革命起到了极大的推进作用，后期提出的"自己的园地"代表了"自由主义"创作思想的倾向。

再次是"五四"时期文学创作的潮流。此时的文学创作主题是思想启蒙、发现自我、感伤情调，同时又存在个性化、多样性创作方式的尝试。

最后是外来思潮与文学社团。这一时期，涌现出了许多社团，如文学研究会、创造社、新月社等。

①必读作品：周作人《人的文学》。

②应读作品：胡适《文学改良刍议》、陈独秀《文学革命论》。

③扩展阅读：陈独秀《敬告青年》。

（2）20世纪20年代的小说。

学习第一个"文学十年"小说创作的情况，大致了解"五四"现代白话小说如何取得文学的正宗地位。下面分三种具体类型考察本时期小说的发展：

首先，人生写实派之"问题小说"。代表作家有冰心、叶圣陶等，代表性作品有《超人》《两个家庭》《潘先生在难中》。了解周作人对"问题小说"的定义、"问题小说"形成的两方面原因、"问题小说"的特点、"爱"与"美"的哲学之幻想性。

其次，人生写实派之"乡土小说"。代表作家有许杰、王鲁彦、许钦文等，代表性作品有《赌徒吉顺》《出嫁的前夜》《菊英的出嫁》《疯妇》。了解鲁迅在《〈中国新文学大系〉小说二集序》对"乡土文学"的界定以及乡土文学的启蒙批判意识、回忆、乡愁、风土、写实等特点。

最后，"自叙传"抒情小说及其他浪漫主观型抒情小说。代表作家有郁达夫、庐隐等，代表性作品有《沉沦》《海滨故人》。了解"零余者"与"时代病"，个人、性与民族之关系，个体解放、孤独感、性别与隐秘的内心。

（3）鲁迅。

鲁迅是第一个"文学十年"学习的重中之重，需重点学习与掌握的内容包含以下三方面：第一，了解鲁迅的成长及创作道路；第二，重点学习《狂人日记》《阿Q正传》《伤逝》《祝福》《故乡》《在酒楼上》《孤独者》等作品；第三，理解为什么《呐喊》与《彷徨》是中国现代小说开端与成熟的标志。此外，还需一般性地了解《野草》和《朝花夕拾》的思想内涵与独特的风格。

（4）新诗。

首先，学习第一个"文学十年"的新诗运动与创作。建议以诗人为线索，将他们的创作与萌生于晚清的现代新诗变革之历史演变有机地结合在一起。具体如下：

黄遵宪（现代新诗变革萌芽期的代表："诗界革命"；已有初步的现代性的诗歌理念，但创作、文体依然因循古典传统）—胡适（"新诗革命"的开创者，真正开始用白话写诗；尝试性，"解放脚"）—郭沫若（现代新诗的真正奠基者，奔放恣肆、彻底冲毁一切旧有藩篱的精神气质与文体风格；过于散体化、缺乏必要的节制）—闻一多（对"女神体"的校正，诗歌"三美"之倡导）—徐志摩（展现新诗之美的第一个真正成熟的创作者；"自由""爱"与"美"之人生的诗化）—李金发（西方"象征主义"诗歌的引入与中国化改造者）。其中，郭沫若为重点鉴赏、学习对象。

其次，了解第一个"文学十年"的另外几种诗歌创作思潮或诗派："小诗派"诗歌、"浅草社"与冯至。

（5）戏剧。

了解第一个"文学十年"的话剧探索情况。中国现代话剧的起源可追溯到晚清，从春柳社、文明新戏到"五四"前后的爱美剧、社会问题剧和小剧场运动。话剧的相对成熟，是在下一个"文学十年"。

（6）散文。

鲁迅认为，新文学革命时期，最富艺术成就的门类是散文，从文体与时代关联的角度了解"五四"散文发达的原因；一般性了解此时期几个较主要的散文创作群体或类型以及周作人在"自己的园地"书写性灵。

2. 第二个"文学十年"（1927—1937 年）

（1）文学思潮与运动。

介绍第二个"文学十年"的文学思潮、运动与创作的概貌，是对 20 世纪 30 年代文学的整体评述。需了解 30 年代文艺运动发展的基本线索，重点关注左翼文学思潮的时代特征及其得失，以及左翼文学思潮与自由主义文学思潮对立的状况。

①20 世纪 30 年代文艺运动的基本面向：文学思潮的空前政治化；无产阶级文学运动突起，左翼文学主导文坛；左翼文学与自由主义文学及其他文学倾向彼此对立竞争，又共同丰富这一时期的创作。

②"革命文学"论争：以左联为核心的无产阶级文学思潮。

③自由主义作家文艺观及两大文艺思潮的对立：马克思主义文艺思潮和自由主义的论争；左翼作家与新月派、论语派和京派的论争。

④基本知识点："革命文学"的倡导、民族主义文艺运动、创造社和太阳社、左联、文艺大众化运动、唯物辩证法创作方法、文艺自由论及第三种文学论。

⑤扩展阅读：李初梨《怎样地建设革命文学》、钱杏邨《死去了的阿 Q 时代》、茅盾《从牯岭到东京》、鲁迅《文艺与革命》《"硬译"与"文学的阶级性"》、梁实秋《文学与革命》、冯雪峰《关于"第三种人文学"的倾向与理

论》、周起应《关于社会主义的现实主义与革命的浪漫主义》、朱光潜《谈美·开场话》。

（2）20世纪30年代的小说。

①丰富多彩的小说流派或群落。第二个"文学十年"是现代文学史上小说创作的高峰，产生了多种创作倾向与潮流，总体而言，主要分为三派：以左联为核心的左翼、远离文学党派性与商业性的京派、富于都市色彩的海派。当然，这只是大致的划分，事实上同一派别小说家的创作倾向虽相对接近却也呈现出风格的多样性。另外，《死水微澜》与"大河小说"也值得关注。

②两位优秀的左翼女性小说家——萧红与丁玲。注意丁玲写作的女性主义特色以及从《梦珂》《莎菲女士的日记》到《太阳照在桑干河上》之不同阶段其创作风格的演变与不变。

③京派小说带有明显的"自由主义"和文化保守主义色彩及从容节制的古典审美趋向。

④海派小说独特的都市题材和形式的猎奇与创新引人注目，其中"新感觉派"成就较大，甚至影响到后期张爱玲等沪港市民传奇作家的创作。

⑤此时期通俗小说领域产生了"大师级"的作家——张恨水。

⑥重要概念：普罗小说、京派小说、新感觉派、东北作家群、《大波》系列。

⑦必读作品：《莎菲女士的日记》《生死场》。

⑧应读作品：《在医院中》《太阳照在桑干河上》《三八节有感》《竹林的故事》《为奴隶的母亲》《丰收》《一千八百担》《将军底头》《梅雨之夕》《都市风景线》《白金的女体塑像》。

⑨扩展阅读：《莫须有先生传》《死水微澜》《金粉世家》《啼笑因缘》。

（3）茅盾。

茅盾是中国现代文学史上最重要的作家之一，其贡献主要为长篇小说的创作。茅盾开创了全新的"社会剖析派"小说模式，以其创作的理性自觉追求"巨大的思想深度"与"广阔的历史内容"，在蛛网式的叙事结构中塑造了置身于复杂的社会关系和巨大变迁中的丰富立体的人物，《子夜》是此类作品的代表。另外，其《林家铺子》与"农村三部曲"，也是以阶级眼光观照20世纪30年代中国农村社会风貌。

①必读作品：《子夜》《春蚕》。

②应读作品：《蚀》（《幻灭》《动摇》《追求》）、《秋收》、《残冬》。

③扩展阅读：《霜叶红于二月花》《腐蚀》。

（4）老舍。

老舍是中国现代文学史上不容忽视的重要作家。20 世纪 20 年代，其创作关注文化批判与民族性问题（这与"五四"启蒙文学取向接近），并且在此视野下建构出独特的市民世界。其作品中的"京味"和"幽默"虽在一定程度上冲淡了作品表层的严肃性，却是"含泪的笑"，带有浓浓的"挽歌情调"。

《骆驼祥子》是老舍小说从早期相对"油滑"转向严肃、深沉写作的转折性作品，也是第二个"文学十年"的佳作之一，主人公祥子的身世，具有社会、家庭、文明、心灵等多重悲剧性。《四世同堂》是老舍在第三个"文学十年"所创作的一部史诗性巨著，"体现了老舍小说艺术走向宏大圆融的精进"。除长篇小说外，老舍还创作出了不少富有特色的短篇作品。

①必读作品：《骆驼祥子》。

②应读作品：《月牙儿》《四世同堂》。

③扩展阅读：《赵子曰》《断魂枪》。

（5）巴金。

巴金的小说创作大致可分为两个时期：前期以"激流三部曲"与"爱情三部曲"为代表，在"青春赞歌"的底色下，展现了青年投身于社会革命的热情以及以旧家庭作为社会黑暗与腐朽的象征物对年青一代的残害；后期的代表作品为《憩园》和《寒夜》，写作风格归向沉稳与冷静，着重描写旧家庭的没落以及抗战时期的社会生活。其必读作品包括《家》《寒夜》。

（6）沈从文。

沈从文是一位相对远离现代文学主潮的作家，是京派文学的代表人物。其文学贡献主要表现在两个方面：一是创造了寄寓自然、健康、和谐人性的"湘西世界"，以文学形式探讨健全的"生命形式"。二是创造了极富诗意的抒情小说文体。另外，需注意沈从文笔下的"湘西世界"及"都市文明世界"两者的对照性关系。可对照阅读沈从文的湘西题材作品和茅盾的"农村三部曲"，以更好地理解第三个"文学十年"不同文艺思想观念之于生活表现所产生的巨大差异。

①必读作品：《边城》《八骏图》。

②应读作品：《萧萧》《丈夫》《绅士的太太》。

（7）新诗。

第二个"文学十年"的诗歌发展，总体呈现为两大特点：第一，中国诗歌会所代表的面向现实、追求大众化以及意识形态化的创作倾向；第二，"后期新月派"与"现代派"对"纯诗"的追求与诗歌的"现代性"探索。

①重要概念：中国诗歌会、"现代派"、汉园三诗人。

②重点诗人：现实主义的臧克家、"现代派"的戴望舒（注意戴望舒诗歌创作的演变："雨巷诗人"—《我的记忆》时期的"语吻体"探索—爱国主义兼象征色彩的《我用残损的手掌》，诗歌对古典与现代诗义的融合），以及卞之琳诗歌创作更具"现代派"诗歌探索的特殊性。

③必读作品：《烙印》《老马》《雨巷》《我的记忆》《我用残损的手掌》《断章》。

④应读作品：《距离的组织》《圆宝盒》。

（8）曹禺。

曹禺是中国现代文学史中最优秀的剧作家，《雷雨》《日出》《原野》等作品标志着中国现代话剧走向成熟，在其所有的作品中，《雷雨》的成就最高、影响力最大。

①必读作品：《雷雨》。

②应读作品：《日出》《原野》。

（9）散文。

第二个"文学十年"的散文获得了进一步的发展，尤其以鲁迅的杂文和林语堂的幽默小品最为突出，值得认真品读。但由于授课时间有限，只做一般性的了解即可。

3. 第三个"文学十年"（1937—1949年）

（1）文艺思潮与运动。

把握第三个"文学十年"的文学思潮、运动与创作倾向，应集中于三点：

第一，战争制约下不同政治地域的文学"分割并存"的状态。①国统区文学。国统区文学的特点有：抗战初期激昂的英雄主义、"救亡"压倒一切，重视时代性和战斗性；抗战相持阶段正视战争的残酷与艰难，深入民族生活的底蕴，揭露与批判现实；战争后期喜剧性的批判色彩相对突出。②解放区文学。解放区文学的特点有：明朗朴素的风格；文学大众化、民族化特点的形成；真诚地描写农民，以农民喜闻乐见的形式呈现，创造新文体。③沦陷区文学和"孤岛文学"。

第二，毛泽东《在延安文艺座谈会上的讲话》及其影响。

第三，大致了解本时期的文学思潮与论争，其中应侧重关注胡风的文艺理论思想。需着重了解胡风"主观战斗精神的内涵"及其所引发的相关争议。

（2）20世纪40年代的小说。

在第三个"文学十年"，中长篇小说进一步走向成熟与繁荣。

在国统区（也含沦陷区）战争状态的维艰时势下，中国小说家们写出了一批体现时代氛围并具有深邃历史感和文化意识的优秀作品，在沉郁凝重的整体格局中呈现出丰富流向。主要有四个突出的小说现象：以老舍、巴金为代表的家庭小说的拓展，以张爱玲为代表的都市女性写作的兴起，以路翎为代表的"七月派"小说的初步形成，以及钱锺书的"现代智者小说"《围城》。另外，以张天翼为代表的讽刺小说，也具有较高的艺术水准。

解放区则出现了"新农村故事"与"新英雄传奇"小说。前者大致可分为两类：一是以赵树理为代表的"山药蛋派"作品，以表现新政权下农村的新变化为主，塑造一批新型农民形象，富有乡土、地方、通俗色彩。二是以丁玲、周立波等左翼作家为主的"社会主义现实主义"创作，以反映土地改革成就之令人瞩目，代表作品为《太阳照在桑干河上》和《暴风骤雨》。

另外，战争、民族危亡客观上促进了这一时期小说创作的"雅俗互渗"，除张爱玲的小说外，张恨水的创作也走向严峻的社会讽喻与批判。

①必读作品：《沉香屑：第一炉香》《金锁记》《倾城之恋》《围城》。

②应读作品：《华威先生》《在其香居茶馆里》《饥饿的郭素娥》。

③扩展阅读：《五子登科》《太阳照在桑干河上》《暴风骤雨》《财主底儿女们》。

（3）赵树理。

赵树理的小说代表了一种崭新的文学方向，具有独特的文学史意义。重点关注赵树理小说在内容与形式上的独特性，以及其与《在延安文艺座谈会上的讲话》精神、"延安文学"的关系，并注意辨析其与以往各类现代乡土题材写作的不同。

①必读作品：《小二黑结婚》《李有才板话》。

②扩展阅读：《李家庄的变迁》。

（4）新诗。

第三个"文学十年"的中国新诗，进入了一个更为成熟的发展阶段。一方面，新诗更深地扎根于民族历史和现实的土壤中；另一方面，在诗学层面表现出富有现代意义的综合和汇通，显示出对诗的智性审美因素的探索，表现出中国诗人新的创造力。穆旦的诗歌与冯至的《十四行集》是难点，就作品来说，值得认真研读、咀嚼，但需考虑学生的实际接受能力，量力而行。可重点赏析穆旦的诗歌。

①重要诗派："七月诗派"和"九叶诗派"。

②应读作品：穆旦《野兽》《防空洞里的抒情诗》《从空虚到充实》《玫瑰之

歌》《我》《森林之魅——祭胡康河上的白骨》《饥饿的中国》。

③扩展阅读：冯至《十四行集》。

（5）艾青。

艾青是中国现代新诗史上的"大诗人"，是本课程诗歌学习最重要的对象，需结合课本提示及具体诗作做深入的学习。

（6）散文和戏剧。

（略）

（五）学习本课程的方法

（1）教师于课程教学之前（最好是提前一两周）将相关学习资料发布给学生，并布置适当的阅读思考。学生结合学习资料和阅读思考，初步了解学习的重难点。

（2）要自觉、主动地去阅读原著，以阅读原著为基础、以参考相关资料为辅助来了解历史、认识历史，培养独立思考的能力。

（3）学习主动查阅相关著作与论文，在检索中培养自己的信息搜索能力与思辨能力。

（4）专心听讲，主动投入，积极回答问题、参与小组活动。

（5）不应以分数为唯一的学习动力，注重融会贯通，发现并挖掘自己的学习潜能。

（六）推荐书目

［1］钱理群、温儒敏、吴福辉：《中国现代文学三十年》（修订本），北京大学出版社，1998 年。

［2］严家炎、孙玉石、温儒敏主编：《中国现代文学作品精选》（第三版），北京大学出版社，2013 年。

［3］孟繁华：《1978：激情岁月》，山东教育出版社，1998 年。

［4］夏志清著，刘绍铭等译：《中国现代小说史》，上海人民出版社，2022 年。

［5］温儒敏、李宪瑜、贺桂梅等：《中国现当代文学学科概要》，北京大学出版社，2005 年。

九、中国当代文学课程学习导论

（参见汉语国际教育专业中国当代文学课程学习导论）

十、外国文学课程学习导论

外国文学是汉语言文学专业的专业必修课，内容包括中国文学以外的世界各国的文学。根据文化传统的不同，一般分为欧美文学（西方文学）和亚非文学（东方文学）。在教材编写上，一般以文学发展历史为经线，以各个时期的代表作家和作品为纬线，经纬交织，点面结合。教材通常有两种体例：一是以时间为序，东西方合流，从上古讲到 20 世纪东西方各国的文学。二是以处所为视域，东西方分立，即分为欧美文学和亚非文学两个部分，每个部分仍以时间为序，分别讲授从上古到 20 世纪的欧美文学和亚非文学。本院外国文学课程采用的高等教育出版社出版的马克思主义理论研究和建设工程重点教材《外国文学史》，是以第一种体例编写的教材。

（一）课程教学目标与要求

1. 课程教学目标

在马克思主义文艺思想的指导下，勾勒欧美文学与亚非文学的发展历程，引导学生把握其人文精神嬗变的轨迹；通过阅读经典，丰富外国文学知识，掌握批评、分析外国文学的基本方法；通过课程学习，完善知识结构，提高文学鉴赏能力和研究能力，获取理智的满足与真善美的享受。

2. 课程教学要求

学生能够厘清外国文学史的线索，掌握各时期文学发展概况和特征，对各时期的代表作家及其代表作品有更深入的理解，能把握其思想内容和艺术特点。

（二）课程性质

外国文学是汉语言文学专业一门核心的必修课程。

1. 文学的世界性与世界文学

在人类历史发展的长河中，世界各民族都创造了各具特色的文化。"越是民族的，越是世界的。"文学亦如此，它同样具有世界性，是人类共同的精神财富。

自近代以来，由于资本主义的兴起和全球市场的开拓，各民族闭关自守的状况被打破，文学交流出现了崭新的局面，西方文化表现出后发优势，影响深远。"各民族的精神产品成了公共财产，民族的片面性和局限性日益成为不可能，于是由许多民族和地方的文学形成了世界文学"（《共产党宣言》）。21世纪，国际交往空前频繁，传播工具越来越发达，出现了"全球意识"（global awareness）、"地球村"（global village）、"人类命运共同体"（a community with a shared future for mankind）等概念，各民族文学之间的相互影响、交流更为深入，这种形势有力地促进了世界文学的发展。

2. 文学的历史性和历史的文学性

从某种意义上说，外国文学课程的学科属性介于文学与历史之间。中外文学作品其实都可以称为"稗史"，和正史典籍一样，是人类记忆中最重要的组成部分，具有鲜明的历史性。如中国最早的诗歌总集《诗经》，收集了西周初年至春秋中叶（前11世纪至前6世纪）的诗歌311篇，以文学的形式反映了周初期至周晚期约五百年间的社会历史面貌。荷马史诗《伊利亚特》是古希腊文学作品，在神话的外衣下，翔实地描述了公元前1193年至公元前1183年特洛伊战争的历史情况。同样，著名历史著作中的文学性特征也是非常突出的。如中国的《史记》《汉书》、外国的《罗马帝国衰亡史》等历史著作，在忠实记录历史大事的同时，以充满情感的笔触、丰富的细节讲述了大量惊心动魄的历史故事，塑造了许多有血有肉的历史人物。因此，学界历来就有"文史不分家"的说法。近代以来，文学与历史分道扬镳，文学侧重表现人性的真善美，历史则偏重对史料的阐述。但二者仍有不少交集，如18世纪英国杰出的历史学家爱德华·吉本的《罗马帝国衰亡史》中就涉及意大利诗人彼特拉克；中学世界历史课程里就有不少文学史内容，包括古希腊三大戏剧家、中世纪诗人但丁、文艺复兴时期文学巨匠莎士比亚，以及19世纪的现实主义作家等。文学也一样，不少文学作品从历史中取材，通过想象与虚构，使故事情节更加引人入胜，如《三国演义》《水浒传》《罗兰之歌》《艾凡赫》等，不一而足。文学甚至会对历史进程产生直接影响，如美国女作家哈里特·比彻·斯托（斯托夫人）的长篇小说《汤姆叔叔的小屋》发表以后，对美国社会产生了巨大的影响，不仅开创了美国"黑人小说"这一新流派，而且促进了美国反奴隶制斗争的发展，推动了美国南北战争的爆发。只不过正统历史更侧重于对朝代兴衰和军事、政治、经济的叙述，对文学相对忽视。如北宋史学家司马光主编的编年体史书《资治通鉴》中，就没有涉及中国浪漫主义文学奠基人、"楚辞之祖"屈原。近现代历史著作虽然重视文学，但也是蜻蜓点水，不能和文学史相比，更不能代替文学史。因此，外国文学课程既要全面、系统地介绍世界文学从古到今的发展历史，甚至包括有关作家生活和作品内容的细节，又不可避免地涉及正统历史的内容，以说明文学现象的起因。

（三）学习本课程的意义与目的

1. 学习本课程的意义

了解数千年来世界丰富多彩的文学历史和成就，全面认识人类文学创作和探索历程，开阔视野。外国文学是汉语言文学专业必修课程中唯一直接"面向世界"的课程。受小学和中学课程设置特点的限制，大学新生普遍缺乏对外部世界文化状况的系统、切近了解。通过本课程的学习，可以在一定程度上弥补知识结构的偏缺。同时，本课程能有效地引导和帮助学生观察和了解外部世界，在客观、切实、深入了解外国文学所展示的文化面貌、文化精神的基础上，形成广阔的、比较的全球化视野，引领我们更好地投入人类命运共同体的建构工作中。这对于培养创新型、复合型人才具有积极意义。

2. 学习本课程的目的

学习本课程的目的是拥抱全人类，做到洋为中用。

文学是文化交流最方便的工具。中国人民在创造自己民族文化的过程中，一向善于吸收外来的优秀文化。秦汉、唐宋、元明清诸代，中国和亚洲许多国家甚至地中海的沿岸地区都有文化交流，开辟了著名的陆上丝绸之路和海上丝绸之路。明代中叶以后，中国和欧洲文化的交流更为频繁。西方文学的三大传统——古希腊人本主义、古希伯来神本主义、日耳曼游牧民族竞争传统，都对中国产生过影响。外来文化对发展中华文化产生过积极的作用。

"五四"运动时期的新文化运动，反对封建迷信和旧礼教，提倡科学民主，反对旧文学，提倡新文学，大量介绍翻译外国文学特别是俄罗斯和一些被压迫民族的文学，对于促进中国新文化和新文学的成长，产生过很大的影响。中国当代文学几乎能与西方同步。无论是现代主义还是后现代主义，刚在西方发生，中国立刻就有追随者。进入 21 世纪以来，"人类命运共同体"意识愈来愈深入人心。人类只有一个地球，各国共处一个世界。通过文化交流，既吸收外来的优秀文化，又向世界介绍中国文化，讲好中国故事。

（四）课程内容简介

本课程使用的《外国文学史》共 10 章，分为古代、中古、近代和现当代文学四个阶段。从广义上说，凡是中国以外的文学都属于本课程的内容。但由于课时的限制，不可能面面俱到，只能有重点地讲授各个历史阶段的文学发展情况。

1. 古代文学

世界文明，首先在东方发祥。四大文明古国全处于亚非地区，源于大河流域的古代亚非文明是世界文明的摇篮。从原始社会末期到奴隶社会时期，古代亚非文学的成就灿烂辉煌，其中成就最大、影响最深远的是古埃及文学、古巴比伦文学、古希伯来文学和古印度文学，而世界上最古老的文学又包括古埃及文学和古巴比伦文学。①人类最早的书面文学作品是古埃及的宗教诗歌汇编《亡灵书》。②人类第一部史诗是古巴比伦史诗《吉尔伽美什》。③世界上第一部文学总集是古希伯来的《旧约》。作为犹太教的经典，《旧约》成为后来基督教《圣经》的组成部分，对欧洲社会产生了极为深远的影响，也为欧洲文学艺术的发展提供了丰厚的土壤。古希伯来文学与古希腊文学一起构成了欧洲文学发展的两大源头。④古印度文学的重要成就有诗歌总集《吠陀》、两大史诗《摩诃婆罗多》和《罗摩衍那》、故事集《五卷书》、迦梨陀娑的诗歌和戏剧。迦梨陀娑的创作在世界古代文学中占有突出地位。

欧洲古代文学主要指古希腊和古罗马文学。它们属于氏族社会末期和奴隶制社会时期的文学。古代希腊是欧洲文明的发源地。在借鉴、吸收古代东方文化的基础上，古希腊人通过探索、思考和想象，创造出令世界瞩目的神话、史诗和戏剧（悲剧、喜剧），使古希腊文学无可争议地成为欧美文学的源头。它孕育了后世欧洲文学发展的各种因素，为后世欧洲文学的发展奠定了良好的基础。学习古希腊文学，要特别注意处于源头地位和影响最大的经典作品：荷马史诗（《伊利亚特》和《奥德赛》）；三大悲剧诗人——埃斯库罗斯、索福克勒斯和欧里庇德斯及其代表剧作。

古罗马文学是在古希腊文学的基础上发展起来的。维吉尔是古罗马最伟大的诗人，他的《埃涅阿斯纪》是世界上第一部文人史诗。贺拉斯是古罗马诗人和文艺理论家，他的《诗艺》是古罗马最重要的文艺理论著作。奥维德的神话故事集《变形记》是后世作家选取创作题材的"神话辞典"。古罗马文学对欧洲文学的发展起了承前启后的作用。

2. 中古文学

中古文学又称中世纪文学，指封建社会初期和中期的文学。这一时期，亚非文学达到世界文学的高峰。日本、波斯和阿拉伯在中古亚非文学中成就辉煌。日本女作家紫式部的《源氏物语》是世界文学史上最早的长篇小说。中古波斯拥有一批世界著名的诗人，菲尔多西的史诗《王书》、萨迪的哲理性叙事诗《果园》和《蔷薇园》都是享誉世界的作品。中古阿拉伯民间故事集《一千零一夜》是民间口头创作最雄伟的一座纪念碑，已成为世界文化的一部分。

5世纪中叶以后，欧洲许多地区相继进入封建社会。基督教教会是欧洲封建社会的主要精神支柱，以教会文学为代表的基督教文化成为这一时期的主导精神力量，人本意识被神本意识所压制。基督教精神产生了广泛而深远的影响，其中的"忍让""宽恕""博爱""赎救"等思想，成为后世欧洲文学发展的又一文化内核。以基督教精神为代表的中世纪文学与以古希腊精神为代表的古代文学一起构成了欧洲文学的两大传统。欧洲中世纪文学的主要成就是在各族民间文学基础上发展起来的世俗文学，包括英雄史诗、民间歌谣和反映封建主内部骑士阶层理想的骑士文学，以及作为资产阶级文学前身的城市文学。意大利诗人但丁是具有划时代意义的作家。他的代表作《神曲》既是中世纪文学的总结，又揭开了近代文学的序幕，标志着中世纪文学向近代文学的过渡。《神曲》是中古时期欧洲最重要的文学作品。

3. 近代文学

从文艺复兴运动一直到1917年俄国十月社会主义革命是欧美近代文学时期，出现了人文主义文学、古典主义文学、启蒙主义文学、浪漫主义文学和现实主义文学五大文学思潮。其他较有影响的文学思潮流派还有感伤主义、自然主义、唯美主义和象征主义等。

14世纪至16世纪初掀起的文艺复兴运动是资产阶级反封建、反教会的思想文化运动，产生了以人文主义思想为核心的人文主义文学。恩格斯准确地把文艺复兴运动称作"人类从未经历过的最伟大的、进步的变革"。人文主义文学既表现了以人为本的古代文化对以神为本的基督教文化的反抗与冲击，又使两种文化有机交融统一。人本精神与宗教文化在道德方面的基本精神相互融合，构成资产阶级文学的基本精神，从而开创了欧洲文学的新纪元。文艺复兴运动发源于意大利，以但丁为先驱，出现了以彼特拉克和薄伽丘为代表的人文主义作家。以后文艺复兴运动逐渐向北扩展，影响遍及欧洲。在法国出现了拉伯雷、蒙田等杰出作家。人文主义文学在西班牙、英国取得了最重要的成就。西班牙小说家塞万提斯和英国戏剧家莎士比亚的创作代表了人文主义文学的最高成就。塞万提斯的《堂吉诃德》和莎士比亚的《哈姆雷特》是这一时期的重点文学作品。

17世纪英国爆发了资产阶级革命，产生了以弥尔顿为代表的资产阶级革命文学，又称清教徒文学，而这一时期欧洲文学的主流是法国的古典主义文学。古典主义文学以戏剧成就最高，出现了悲剧家高乃依、拉辛和喜剧家莫里哀。古典主义戏剧最杰出的代表是莫里哀。

18世纪欧洲资产阶级掀起了启蒙运动，为夺取政权做舆论准备，并在世纪末爆发了震撼世界的法国资产阶级大革命。在启蒙运动中，资产阶级形成了自己的思想体系。启蒙文学以强烈的战斗精神和独创的艺术形式，在摧毁封建制度的斗争中发挥了巨大的作用。在法国，启蒙主义发展到最成熟、最典型的形态，造就了法国启蒙文学的繁荣。四大启蒙思想家（孟德斯鸠、伏尔泰、狄德罗和卢梭）是法国启蒙运动的领导人物，同时也是启蒙文学最重要的代表。这一时期德国文学达到欧洲最高水平，其中歌德的诗剧《浮士德》成为欧洲启蒙文学的经典作品。

这一时期，英国文学的核心课题是新时期、新体制下人的个性发展和价值，如笛福的《鲁滨孙漂流记》、斯末莱特的《蓝登传》、菲尔丁的《汤姆·琼斯》等作品，不像同时期法国、德国作品那样具有紧张、尖锐、传奇的特点，显得平实、乐观或细密、感伤，预示了欧洲文学的趋势，为19世纪浪漫主义文学和现实主义小说的繁荣奠定了基础。

然而，同一时段里，亚非社会发展缓慢，不少亚非国家甚至沦为殖民地和半殖民地国家，文学成就不大。

19世纪欧美文学进入历史上最繁荣、成就最高的时期。19世纪前期欧洲浪漫主义文学运动在艺术上冲破古典主义的樊篱，强调创作自由，大胆革新。德国是欧洲浪漫主义文学运动的发源地，先后产生了"耶拿派"和"海德堡派"两个浪漫主义诗人团体。他们的创作思想内容保守，艺术成就有限。法国浪漫主义文学以雨果为代表。他针对古典主义的清规戒律提出了描写"自然"和美丑对照的创作原则。英国浪漫主义文学是欧洲浪漫主义的最高成就。早期英国浪漫主义诗人中最突出的是"湖畔派"，其中最著名的华兹华斯深刻地吟唱出人与自然相和谐的体验和向往，并以宁静、和谐、纯朴为尺度来揭示纷扰人世的险恶。盛期英国浪漫主义诗人中出现了拜伦、雪莱、济慈这样的天才，他们的创作充分地体现出浪漫主义文学的特色和成就。其他国家如俄国的普希金、美国的惠特曼等作家也都以各具特色的创作成为浪漫主义文学的杰出代表。

19世纪30年代以后，随着资本主义制度的确立与巩固，资本主义社会固有矛盾日益暴露，真实地表现现实生活、暴露社会弊病、批判现实罪恶的现实主义文学取代浪漫主义文学成为欧美文学的主流。长篇小说这种被黑格尔称为"现代史诗"的体裁得到了长足的发展，成为这一时期最受欢迎的文学样式。现实主义文学多采用典型化创作原则，描写典型环境中的典型人物，并取得了巨大的成就，达到了资产阶级文学发展的高峰。可以说文学还从来没有在这样的深度和广度上展示历史、社会和人性，还从来没有达到过如此惊人的审美丰富性和审美高度。现实主义作家群星璀璨：有法国的司汤达、巴尔扎克、莫泊桑，英国的狄更斯、哈代，挪威的易卜生，美国的马克·吐温，俄国的普希金、果戈理、屠格涅夫、陀思妥耶夫斯基、托尔斯泰和契诃夫等，其中巴尔扎克和托尔斯泰是这一时期最重要的作家，对他们的创作和代表作品要深入研究和把握。

总之，欧洲近代资产阶级文学形象地反映了资产阶级的发展过程，展示了资产阶级取代封建阶级的历史规律，并揭露了资本主义社会的丑恶和黑暗，其基本思想是人道主义。不同思潮、流派的作家继承和发展了欧洲文学的优良传统，探索并运用了多种创作方法和艺术表现形式反映生活，表达思想，抒发感情，积累了丰富的经验。他们的创作体裁多样，体现了民族的特点和时代的要求，丰富了世界文学宝库。

19世纪是资产阶级文学的黄金时代，也是无产阶级文学的萌芽时代，出现了早期无产阶级文学。30年代英国宪章派文学、40年代德国工人诗歌和70年代法国巴黎公社文学，以全新的姿态出现在各国文坛，标志着世界无产阶级文学的诞生。

由于18世纪亚非文学发展停滞，因此近代亚非文学指19世纪中期至20世纪初期的文学，具有代表性的是日本和印度文学。日本近代文学是亚非唯一在资本主义社会条件下兴起的资产阶级文学，它受欧洲近代文学的影响，各种思潮流派迅速更迭，都有自己的民族特点。其中，夏目漱石是日本近代杰出的现实主义作家。印度近代文学的主流是在民族解放斗争中产生的反帝、反殖民、反封建的资产阶级民主主义文学，其杰出代表泰戈尔的创作在世界文学中占有重要地位。

4. 现当代文学

（1）欧美现当代文学。20世纪为欧美现当代文学阶段，文坛上最大的变化是出现了多元化的局面。在同一时期，不同思想倾向、不同创作方法、不同文学流派并存，它们既相互竞争和冲突，又相互借鉴和融合，使20世纪的欧美文学呈现出异常复杂的格局。20世纪欧美文学包括现实主义文学和现代主义文学。

①现实主义文学。现实主义文学可分为以苏联社会主义现实主义文学为代表的无产阶级文学和欧美其他国家的资产阶级传统现实主义文学。

十月革命开辟了人类历史的新纪元。具有社会主义性质的苏联文学标志着无产阶级文学的繁荣发展。它在发展过程中尽管出现过曲折，但依然成就辉煌。高尔基是苏联文学的奠基人，肖洛霍夫、艾特玛托夫是苏联的重要作家。欧美其他国家的无产阶级文学也取得了丰硕成果。

传统现实主义文学指的是 19 世纪现实主义文学在 20 世纪的发展。它虽不占主流文学地位，但仍保持着强大的实力并分支出各具特色的新流派。与 19 世纪现实主义文学相比，它的题材更加广阔，更倾向于挖掘人的内心世界，表现手法更加多样化。受时代先进思想的影响，许多作家表现出进步的思想倾向，为 20 世纪世界文学的发展做出了贡献。代表作家有法国的罗曼·罗兰、纪德、巴比塞，英国的高尔斯华绥、萧伯纳、戈尔丁，美国的德莱塞、海明威、厄普代克，德国的托马斯·曼、黑塞等。

②现代主义文学。现代主义是 20 世纪欧美异彩纷呈的反传统的资产阶级文学流派的总称。以第二次世界大战为界：战前主要流派有后期象征主义、表现主义、意识流小说、超现实主义、未来主义等；战后的现代主义又称后现代主义，主要有存在主义文学、荒诞派戏剧、新小说派、黑色幽默小说、魔幻现实主义小说等。现代主义作家的思想倾向是多元的，但大多数人对现代资本主义社会持批判态度，又表现出无可奈何的情绪。他们的创作一定程度上反映了现代资本主义世界的危机意识，表现了对资本主义文明和传统价值观念的怀疑和否定。艺术上，他们注重人物内心世界和无意识领域的开掘，创造了一些新手法、新技巧。内容上，尽管他们流露出悲观情绪，在某些手法上有破坏艺术规律的流弊，但仍然为世界文学的发展提供了新的经验。现代主义文学的代表作家有英国诗人艾略特、奥地利小说家卡夫卡、爱尔兰作家乔伊斯、美国小说家福克纳等，后现代主义文学的代表作家有法国文学家萨特和戏剧家贝克特、英国移民小说家奈保尔、美国小说家海勒和索尔·贝娄、哥伦比亚小说家马尔克斯等。

在现代主义文学中，最有影响的是存在主义文学、意识流小说、荒诞派戏剧、表现主义文学、黑色幽默小说和拉美魔幻现实主义小说。

（2）亚非现当代文学。亚非现当代文学指十月革命以来的 20 世纪亚非文学。日本文学派别繁多，无产阶级文学一度成为主流。而其资产阶级文学流派影响最大的是新感觉派，它是欧美现代主义文学在日本生根发芽的标志，其代表作家川端康成的创作给日本带来了世界性声誉。大江健三郎、村上春树是日本当代最具世界影响力的作家。印度现代文学以现实主义创作为主，表现出强烈的反帝反封建和爱国倾向。普列姆昌德和安纳德是现代印度文学最杰出的作家。阿拉伯地区现当代文学有长足发展，埃及的马哈福兹是其中的著名作家。非洲黑人地区的文学在民族解放运动中应运而生。一批引人注目的作家的创作和"黑人性"文学主张，使黑人文学在世界文学中占有一席之地。南非作家戈迪默和库切的创作代表了南非文学的最高成就。

（五）学习本课程的方法

学习本课程的方法：批判继承、博闻旁通，掌握规律、把握重点。

学习外国文学必须运用辩证唯物主义和历史唯物主义的观点，坚持批判继承的原则，这是马克思主义对待文学遗产的基本原则。所谓批判并不是简单的全盘否定，而是进行科学的分析、鉴别和考察，有选择地进行研究；所谓继承，也不是全盘照搬，而是在实事求是地鉴别研究的基础上，对其思想、艺术的精华有所肯定、有所吸收并化为自己的血肉，做到古为今用、洋为中用。批判和继承是对立统一的关系，掌握这一原则首先必须有开放的意识：一要拿来。鲁迅提出著名的"拿来主义"，是对待外国文学的正确原则。我们建设和发展社会主义先进文化，必须以开放的眼光和宽阔的视野汲取人类文明的积极成果。二要去芜存精。学习借鉴外国文学中一切有利于加强中国社会主义文化建设的有益经验、理念、机制和方法。三要为我所用。我们的社会主义文化只有博采众长，才能充满生机活力，增强竞争力。毛泽东主张尊重、学习、接受外国文化，他在《新民主主义论》中提道："中国应该大量吸收外国的进步文化，作为自己文化食粮的原料，这种工作过去做得很不够，以后是必须努力去做的。"其实质是要"洋为中用"，为新中国服务，为社会主义文化建设服务。

文学是一种社会意识形态，是一定的社会生活在作家头脑里反映的产物。它的使命在于帮助人类正确认识社会、认识生活、认识自我，并从中获得美的享受和陶冶。学习各时期的外国文学，要联系当时的社会历史条件，观察其是否履行文学的使命，在历史上有无进步意义。同时，注意不能用今天的观点去要求过去的作家，但必须用今天的观点去评价过去的作家。

文学本身又属于文化的范畴，它包含着文化的特性和因素。文化与"自然"相对，是人类在社会发展过程中所创造出来的，是人类特有和共有的现象。注意文学的文化传统，用文化学的眼光与方法审视文学，有助于深度把握外国文学。对待具体作家要注意其世界观和创作个性，区别作家的思想及其作品实际提供的东西，评价他们在艺术表现上是勇于创新还是墨守成规，是促进文学发展还是抑制文学发展。总之，就是要通过具体的解剖，实事求是地进行分析，把握文学自身的规律。

学习外国文学应注意从文学史的发展过程、各时期重要的文学现象和思潮流派、重要作家及其代表作三个方面入手，系统地掌握外国文学的基本知识、基本理论。作家的作品是构成文学发展史的基本材料。一个时代的文学成就，一种文学思潮、流派的创作特点主要体现在作家的作品上。因此，首先必须认真阅读、深入钻研作品。只有对作品有切实、具体的了解，才能真正掌握一个作家、一种流派、一定时期的文学。

文艺学、美学、历史学、哲学、政治学、伦理学等理论是学习外国文学必需的武器，只有坚实地具备这些学科的理论基础，才能更好地掌握外国文学的知识。同时，学习外国文学还应与中国文学联系起来，特别是与中国现当代文学的现状结合起来。

外国文学上下几千年，纵横五大洲，作家、作品浩如烟海。而这门课程时间有限，不可能铺展过宽，面面俱到，只能选择各个历史时期若干主要文学现象和有代表性的作家、作品，阐明外国文学发展的一般过程和基本规律，做到系统介绍和重点突出相结合。一般先概述某一时期文学发展的背景和状况，介绍一般性的作家及其作品；然后分节介绍某一时期有成就、有代表性的作家和作品。这种体例便于展现每个历史阶段的重要文学现象，厘清文学发展的线索，体现文学史知识的完整性，并在"史"的发展中突出各主要作家的贡献。

（六）推荐书目（标△为必读书目）

1. 教材类

[1] 聂珍钊、苏晖主编：《外国文学作品选》（上、下），高等教育出版社，2017 年。

[2] 郑克鲁主编：《外国文学史》（修订版），高等教育出版社，2006 年。

[3] 郑克鲁主编：《外国文学作品选》（第二版），高等教育出版社，2008 年。

[4] 朱维之、赵澧、崔宝衡等主编：《外国文学史》（欧美卷）（第 4 版），南开大学出版社，2009 年。

2. 作品类

（1）诗歌。

荷马	《伊利亚特》△、《奥德赛》
维吉尔	《埃涅阿斯纪》
但丁	《神曲》△
弥尔顿	《失乐园》
歌德	《浮士德》△
拜伦	《唐璜》△、《恰尔德·哈洛尔德游记》

雪莱	《雪莱抒情诗选》《解放了的普罗米修斯》
海涅	《德国——一个冬天的童话》
惠特曼	《草叶集》
波德莱尔	《恶之花》
普希金	《普希金诗选》
瓦雷里	《海滨墓园》
里尔克	《杜伊洛哀歌》
艾略特	《荒原》△
（印度史诗）	《摩诃婆罗多》《罗摩衍那》
泰戈尔	《吉檀迦利》△

（2）小说。

斯威布	《希腊神话和传说》
塞万提斯	《堂吉诃德》△
薄伽丘	《十日谈》
拉伯雷	《巨人传》
笛福	《鲁滨孙漂流记》
菲尔丁	《汤姆·琼斯》△
斯威夫特	《格列佛游记》
伏尔泰	《老实人》
卢梭	《新爱洛依丝》《忏悔录》
狄德罗	《拉摩的侄儿》
歌德	《少年维特之烦恼》
雨果	《巴黎圣母院》△、《悲惨世界》
梅里美	《嘉尔曼》
斯丹达尔	《红与黑》△
巴尔扎克	《欧也妮·葛朗台》、《高老头》△
福楼拜	《包法利夫人》△
萨克雷	《名利场》
夏洛蒂·勃朗特	《简·爱》
艾米莉·勃朗特	《呼啸山庄》
狄更斯	《双城记》△
左拉	《萌芽》△

莫泊桑	《羊脂球》△、《漂亮朋友》
哈代	《德伯家的苔丝》△
普希金	《叶甫盖尼·奥涅金》△
莱蒙托夫	《当代英雄》
果戈理	《死魂灵》△
屠格涅夫	《父与子》△
陀思妥耶夫斯基	《罪与罚》△
列夫·托尔斯泰	《安娜·卡列尼娜》△、《复活》△
契诃夫	《契诃夫小说选》
高尔基	《母亲》
奥斯特洛夫斯基	《钢铁是怎样炼成的》
肖洛霍夫	《静静的顿河》△、《一个人的遭遇》
索尔仁尼琴	《伊凡·杰尼索维奇的一天》
帕斯捷尔纳克	《日瓦戈医生》△
艾特玛托夫	《断头台》△
罗曼·罗兰	《约翰·克里斯朵夫》△
托马斯·曼	《布登勃洛克一家》
马克·吐温	《哈克贝利·费恩历险记》
德莱塞	《美国的悲剧》△
海明威	《永别了，武器》△、《老人与海》△
索尔·贝娄	《洪堡的礼物》△
格拉斯	《铁皮鼓》
米兰·昆德拉	《生命中不能承受之轻》
卡夫卡	《城堡》、《变形记》△
乔伊斯	《尤利西斯》△
福克纳	《喧哗与骚动》
加缪	《局外人》△、《鼠疫》
海勒	《第二十二条军规》△
鲁尔弗	《佩德罗·帕拉莫》
马尔克斯	《百年孤独》△、《圣经故事》
紫式部	《源氏物语》△
（阿拉伯民间故事）	《一千零一夜》△

泰戈尔	《戈拉》△
夏目漱石	《我是猫》
普列姆昌德	《戈丹》
川端康成	《雪国》
大江健三郎	《万延元年的足球队》
迈哈富兹	《宫间街》

（3）戏剧。

埃斯库罗斯	《被缚的普罗米修斯》
索福克勒斯	《俄狄浦斯王》△
欧里庇得斯	《美狄亚》
莎士比亚	《威尼斯商人》△、《罗密欧与朱丽叶》△、《哈姆雷特》△、《奥赛罗》、《李尔王》、《麦克白》
高乃依	《熙德》
拉辛	《安德洛玛克》
莫里哀	《伪君子》△、《悭吝人》
席勒	《阴谋与爱情》△
易卜生	《玩偶之家》△
果戈理	《钦差大臣》
奥斯特罗夫斯基	《大雷雨》
契诃夫	《樱桃园》
高尔基	《在底层》
奥尼尔	《毛猿》
尤内斯库	《秃头歌女》△
贝克特	《等待戈多》△
萨特	《恶心》△、《间隔》
斯特林堡	《鬼魂奏鸣曲》
迦梨陀娑	《沙恭达罗》△
索因卡	《森林之舞》

第四节　汉语言文学专业实践教学

汉语言文学专业虽然不是技能应用型专业，但教学中也有其应用实践性的内容。主要实践教学环节分为专业实验实训和综合实践教学两部分。实践课（含实验、实训）学分 44.5 分，在总学分 148 分中占比 30.1%。专业实验实训包括汉语语音实训、语言学调查、普通话培训与测试、文学现象讨论、传媒写作、创意写作、教学实习、编辑出版实践、民俗和民间文学调查等；综合实践教学则包括军事理论和军事训练、社会实践、学年论文、劳动教育、毕业论文等。

一、汉语言文学专业的课程实训

在课程的学习中，教师在课程的安排上会设置实践的内容，让学生将所学到的理论应用到具体的文学作品以及相关现象的分析中。有些课程实训的内容会较多，如写作课程。

在第一学期，学生通过 15 个学时的"普通话培训与测试"学习后，参加普通话考试。"学年论文"则安排在第六学期结束后的暑假，要求学生在指导老师的协助下，独立完成一篇不少于 5000 字并具备一定学术价值的论文，作为毕业论文的提前训练。

二、汉语言文学专业的毕业实习

毕业实习是汉语言文学专业人才培养计划中的重要环节，是一门专业必修课程，既是对课堂教育、书本知识的验证和补充，也是对学生综合能力和素质的一次大检阅。通过专业实习，既可以熟悉社会、了解社会，增强对社会生活的适应能力，又可以验证自己的能力，获取新的知识，为将来的就业奠定基础。

汉语言文学专业实习以中小学教育、办公文字处理、文字宣传报道、新闻稿件采写、文案策划写作、活动组织策划为主。实习一般安排在第八学期的 1~10 周，实习时间为 8 周。鼓励学生根据个人特长和就业意愿自主选择实习单位，学院也会推荐和筛选有意愿的学生去相关实习基地实习。实习期间，选派教师巡视或做针对性指导，最后的实习成绩由指导老师根据实习表现进行评定。

三、汉语言文学专业的社会调查和实践

社会调查和实践是汉语言文学专业实践教学的重要环节之一。学生在科学方法和教育理论指导下，有目的、有意识地围绕一定的专业问题，运用问卷、访谈、考察等方式，有计划、有目的地收集有关的事实材料，了解专业和社会现状与趋势，并运用相关专业知识和理论对其进行科学分析，以加深对教育规律及专业发展现状的了解与认识。

社会调查主要包括"民俗、民间文学调查"和"语言文字调查"。

"民俗、民间文学调查"为汉语言文学专业学生必修的一个综合实践课程，根据教学计划的安排，学生在第四学期的暑假进行民俗、民间文学调查。

"语言文字调查"安排在第五学期的寒假，让学生通过对语言文字应用情况的实践调查，了解语言文字的使用特征和目前存在的问题，并要求学生针对调查结果撰写一份调查报告，锻炼学生的语言文字运用能力，提高学生的语言文字使用水平。课题选择方面，分为语言和文字两大类。语言上，可调查方言使用、网络语言文字使用、普通话应用和规范、影视语言等课题。文字上，可调查汉字语音、词汇、语法的应用以及书写等现实或历史方面的课题。此外，学生亦可自行选题。研究方法方面，可采用调查法和文献法，通过问卷采访或文献查阅、收集整理等来完成调查研究。

此外，学校鼓励学生参加社会实践活动。社会实践是指在校学生利用寒暑假深入社会生产活动，开展科技帮扶、政策宣传、文化活动、红色之旅等形式多样的为经济建设和社会发展服务的实践活动，比如大学生暑期"三下乡"等社会实践活动。

第二章

汉语国际教育专业

第一节 汉语国际教育专业简介

一、汉语国际教育专业学习内容

本科汉语国际教育专业是根据《普通高等学校本科专业目录（2012年）》和《普通高等学校本科专业设置管理规定》所整合设立的，自2013年起，原"对外汉语""中国语言文化"和"中国学"合称"汉语国际教育"。专业设立的初衷是培养合格的汉语传播者，以满足全球汉语教学以及中华文化对外传播的迫切需求。

汉语国际教育专业承担着"把中国介绍给世界，让世界了解中国"的学科使命，具有鲜明的中西融合、学教并重的学科特点。本专业立足于中国语言文化，辅之以中外国情常识，借助于国际交流合作，是集中华文化传承、民俗技艺展示、国家形象传播为一体的复合应用型专业。

基于此，本专业制定了"知识、能力、素养"三位一体的育人方针。首先是"知识"，它涵盖了三方面内容：①本体知识。如与汉语相关的知识就包括古代汉语、现代汉语、语言学以及文学常识等。②专业知识。如汉语国际教育概论、第二语言习得理论、语言教学法等。③其他知识。如中国通史、中西文化比较、教育学、心理学等学科和领域的知识。其次，"能力"是在知识、理论的基础上，通过多样化的实践课程逐步养成和增强的。"能力"涵盖了两方面内容：①语言能力。如汉语理解、表达和阐释能力，外语能力等。②课堂教学能力。如汉字与汉字教育、词汇与词汇教学、微格教学等教学、评估与反思能力。最后，"素养"是多方面的，如教学经验、教学功力、百科知识与中华才艺等，它是在学习、实践过程中逐渐养成的，是作为一名汉语传播者不可忽视的软实力。

二、汉语国际教育专业学习方法

1. 做好学习计划

大学学习与中学学习截然不同。其中，最明显的区别就是没有了早、晚自习，没有了老师时刻监督学习的身影，没有了从早到晚满满当当的课程安排。时间变多了，学习面变广了，学习、生活的安排相对自由。那么，在这种情况下，就要求你能合理地规划学习、生活。在专业课程学习中，要做好长期的规划，养成良好的学习习惯。

2. 转变学习方式

大学课堂也不同于中学课堂。大学课程总的来说有两大类：一类是理论课程，以知识的理解、掌握为主要任务；另一类是实践课程，是运用所学的理论知识培养相关专业能力、素养的课程。

在理论课上，你不能只是埋头做笔记，单纯地理解、记住老师讲授的内容，更重要的是要在课堂上积极地与老师互动，跟随老师授课的节奏，不断地思考。课后能根据老师提供的学习资源加深对知识的理解、把握。除此之外，你还可以有效地利用慕课、超星、哔哩哔哩等平台以及汉语国际教育相关的公众号、自媒体号等进一步拓宽专业视野。

在实践课上，你要积极地按照老师的指引进行操练，同时要养成良好的团队协作精神，发挥自己的长处。课前，要做好充足的准备；课上，积极地尝试，多听取老师、同学的建议；课后，要深入反思实践过程，找出自己的不足之处，不断打磨个人能力。

3. 积极参与活动

作为一名汉语国际教育专业的学生，首先，你要积极地参加各项活动。比如"未来之星"教学大赛、"汉语国际教育教学大赛"、"中华经典文化诵读"、"听写大赛"，等等，这些赛事不仅可以为你提供一个锻炼自我、展示自我的平台，还可以有效提升个人素养。其次，你还要积极投身社会实践。除了学校组织的暑期社会实践外，你还可以申请语言机构/平台的汉语老师、助教职位。这些社会实践活动，不光能为你的个人履历增添光彩，同时有利于你学以致用，在实践中进一步学习，拓宽专业视野。

三、学习汉语国际教育专业的收获

广州华商学院文学院立足广州，为服务粤港澳大湾区培养具有"人文情怀、国际视野、创新思维、国际中文传播能力"、适应国内外汉语传播的复合应用型人才。具体来说，学习汉语国际教育专业将获得以下能力：

（1）语言能力。汉语国际教育专业是以培养语言传播人才为使命的本科专业。因此，用汉语和英语写作、沟通、翻译是必不可少的基本功。除此之外，本专业还在高年级开设了第二外语课程，提升学生的多语言能力。

（2）汉语教学能力。本专业开设了以语言教学法为基础，汉字与汉字教学、词汇与词汇教学、语法与语法教学等语言要素教学为主体，微格教学实训为补充的一系列汉语教学实验课程，为培养学生扎实的汉语教学能力提供了保证。

（3）语言习得研究能力。汉语国际教育作为一个本科专业，不光要培养学生的职业能力，还要培养学生进一步深造、发展的研究能力。因此，本专业在基础语言课程的基础上开设了第二语言习得理论、语言习得研究方法与统计等课程，为学生的学术发展打下坚实的基础。

（4）跨文化交际能力。汉语的国际化传播不仅是一项语言教学的活动，也是一项跨文化交际活动。因此，本专业尤其注重培养学生的跨文化交际能力，开设了中国文化概要、中西文化比较、跨文化交际等课程。除此之外，还与国际学院合作开设 EIA 双语课程，为学生提供跨文化交际场景。

四、汉语国际教育专业的毕业要求

汉语国际教育专业的毕业要求有两个：一是修满学分，二是完成本科毕业论文。

（1）修满学分。学生应修满的最低学分为 148 学分。其中，通识教育课程 67 学分，学科基础课程 16 学分，专业课程 49 学分，综合实践课程 16 学分。所有修读课程均须通过考核，考核及格者方能取得相应学分。

（2）完成本科毕业论文。毕业论文是大四的重头戏，也是对大学四年所学的检验，汉语国际教育专业的学生可以选择与汉语言、文学、汉语国际教育、跨文化交际相关的选题，在规定的时间内按要求完成不少于 8000 字的毕业论文，通过答辩即可。

五、汉语国际教育专业的就业前景

（1）汉语教师。汉语国际教育专业毕业生最理想的就业方向就是成为汉语教师。选择做一名汉语教师，你可以前往国外，也可以留在国内。想要去国外教汉语的同学有两种途径可以选择：一种是国家汉办每年组织的国际汉语教师中国志愿者项目，每次任期是半年到两年，由国家汉办统一安排前往某些国家和地区，志愿者可以留任，但不能超过三年。另一种是教育培训机构，要求应聘者通过英语六级，经过公司统一安排，送到国外去教汉语。这类工作时间大约是一年，签证期满就要回国。在国内就业的话，主要是在语言机构或者语言培训平台任教。

（2）国际学校教师。汉语国际教育专业的毕业生具备宽广的国际视野、良好的外语能力、较强的跨文化交际能力，以及过硬的语言教学能力和素养，可以胜任国际学校的英语教师或者语文教师岗位。

（3）新媒体运营、编辑。在这个互联网席卷一切行业的时代，将行业发展与网络紧紧联系在一起已经成为不可阻挡的趋势。汉语国际教育的毕业生可以投身新媒体行业，选择运营、编辑等职位，利用汉语言文学的学科知识，为自己谋取一席之地。

（4）语文教学。相对于汉语国际教学，传统的语文教学方向更为稳定。汉语国际教育专业的学生可以考取相应阶段的教师资格证，然后参加教师编制考试，进入公办学校。

（5）公务员。汉语国际教育专业的毕业生也能够参加公务员考试，进入国家机关单位，或者在企业的行政、文秘和人力资源部门发展。

（6）外贸方向。汉语国际教育专业的毕业生可以进入外贸领域，将英语能力运用到工作中去。刚毕业的学生初到外贸公司，一般从助理业务员做起，主要负责每日的数据录入、整合、分类；每日及月尾各类项目的核算；协助完成产品开发工作；协助业务员与客户进行简单沟通，处理订单。有时也会接触会展活动，负责搜集一些会展信息。外贸工作不如教师稳定，但更有挑战性，适合口才和英语口语较为优秀、做事细致灵活并且适应能力较强的学生。

第二节　汉语国际教育专业课程设置

汉语国际教育专业课程体系由通识教育课、学科基础课、专业课和综合实践课四部分构成。

通识教育课包括思想政治理论、大学英语、计算机基础、体育、大学生职业生涯规划和大学生就业指导等。

学科基础课包括现代汉语Ⅰ、现代汉语Ⅱ、汉语写作Ⅰ、汉语写作Ⅱ、古代汉语Ⅰ、古代汉语Ⅱ、第二语言习得概论、语言学概论。

专业课分为必修课和选修课。必修课是必须修读的课程，包括汉语国际教育概论、语言教学法、中国现代文学、中国当代文学、中国古代文学Ⅰ、中国古代文学Ⅱ、外国文学、高级英语、高级英语口语。选修课是结合自身的专业背景、兴趣爱好选择修读的课程，从本专业人才培养方案选修课模块中，修满 22 学分即可。

综合实践课包括微格教学实训、普通话培训与测试、学年论文、毕业实习、毕业论文（设计）等。

第三节　汉语国际教育专业主干课程学习导论

一、现代汉语课程学习导论

（参见汉语言文学专业现代汉语课程学习导论）

二、古代汉语课程学习导论

（参见汉语言文学专业古代汉语课程学习导论）

三、汉语写作课程学习导论

（参见汉语言文学专业写作学课程学习导论）

四、中国文化概要课程学习导论

（一）课程教学目标与要求

1. 课程教学目标

（1）认知目标。通过本课程的学习，了解中国文化的基本知识、主要类型、经典文本典籍；了解中国文化的经济、制度、哲学、政治、伦理、宗教、科技、教育、语言、文字、文学、艺术、史学等各种具体形态的要义和成就；理解和掌握中国传统文化的基本内涵和基本精神，深刻理解民族文化的历史与现状；理清中国传统文化发展的历史脉络和逻辑进程；发掘中国文化的现代意义和实践价值，并引发对中国文化继承和创新问题的思考。

（2）能力目标。通过本课程的学习，第一，基本具备运用相关的知识和理论解决实际问题的能力。能在实际生活中体会文化、运用文化，在实践中延伸文化；能从文化的角度、文化的高度出发，用文化的思维去认识、分析、解决实际问题；能自觉运用辩证唯物主义和历史唯物主义的观点科学地认识分析中国传统文化，以历史的眼光看待现实问题。第二，具备调查研究能力和初步创新能力。在学习和生活中积极关注、思考、分析历史和现实中的文化现象和文化问题，培养对文化研究的兴趣和学术能力。

（3）素质与思政目标。重视对学生文化精神的培养，立德树人，培养学生以正确的态度和务实的精神去继承和弘扬传统文化，树立文化自信心，增强民族自豪感，涵养高尚的爱国主义情操，树立正确的世界观、价值观和人生观。注重把传统文化与现阶段的新文化建设相结合，培养学生自觉担负创造、传播先进文化的历史使命，成为既有深厚文化底蕴又能适应社会主义现代化要求的接班人和建设者。

2. 课程教学要求

本课程教学要遵循学生知识、能力、素质养成的基本规律，既要注重基本知识的传授和学习，又要注重中华传统文化精神的培育。课程教学以讲授为主，以媒体视频播放、图片展示、课堂讨论及课堂拓展、文化活动等形式为辅，形成多元化的教学手段；课堂讲授要突出重点、突破难点，并围绕重点、难点提出问题，在课堂内外开展生生之间、师生之间的讨论；引导学生在生活实践中留心调研考察社会文化现象，包括关注各种物质文化遗产和现实社会生活中的传统习俗、宗教礼仪、道德规范等非物质文化遗产，做到理论与实践相结合。

（二）课程性质

中国文化概要是汉语国际教育本科的一门专业必修课程。首先，它是一门理论基础类的课程，文化学在汉语国际教育学科体系中属于理论基础类学科，是之后进行学科基础理论学习和研究、学科理论应用研究及学科教育实践的理论基础。其次，它属于文化学入门类的概论性质课程，是跨文化交际、文化语言学、中国通史、中国思想史、中华文化典籍导读等课程的先修课程。最后，本课程也是一门人文素养基础课程，注意有关中国文化的基本人文素养培训，契合本专业的人才培养目标——能"在行政机关以及文化教育、传媒机构、厂矿公司、对外交流等各类企事业单位从事文秘公关、行政助理、文化策划、宣传交流、编辑出版、语文教育和培训等工作"。

本课程授课时间为一个学期，开课时段通常是在大学二年级的第一学期。

（三）学习本课程的意义与目的

中国随着综合国力的不断提升，在国际上的影响力也越来越大，与世界的交往也日益频繁，汉语教学与中华文化的国际传播已经成为世界了解中国的重要途径，对加强中国的"软实力"具有极为重要的现实意义。国际中文教育与中华文化教育密不可分，在国际中文教育中，我们不仅要推广汉语，也要传播中华文化，让世界了解中华文化，聆听中国声音。针对汉语国际教育专业的中国文化概论教学，不仅要让学生更加明确中华文化国际传播的内容，增强学生的民族自豪感和自信心，还要切实提升学生"讲好中国故事，传播中国声音"的能力，以助推国际中文教育的发展。本课程可以完善学生的知识结构，提高学生的文化素养和能力，为今后从事国际中文教学、传播中华文化打下坚实的基础。

（四）课程内容简介

1. 阐释和界定课程的核心概念——"文化"

（1）理解"文化""大文化""小文化"的概念。

了解"文化"一词的词源。"文化"所包含的内容十分丰富，且其内涵外延差异较大，在世界范围内，很多学者和研究者都给"文化"下过定义，所以"文化"的定义成百上千。为更深入地了解文化的概念，可将其分成广义文化与狭义文化。"广义文化"指人类社会、历史生活的全部内容，也称"大文化"；"狭义文化"指文化中排除人类社会、历史生活中关于物质创造活动及其结果的部分，专注于精神创造活动及其结果的部分，也称"小文化"。

（2）理解文化的一般特征和文化的结构。

对"文化"特征的把握要抓住以下六个要点：其一，文化是人类创造的；其二，文化是人类后天获得的；其三，文化是人类共有的；其四，文化具有延续性；其五，文化具有民族性；其六，文化具有阶级性。

作为一种社会历史现象，"文化"从其内部逻辑关系方面是可分的。对文结构的解剖，是概论性文化研究的逻辑基础。对文化结构的研究众说纷纭，主要观点有：其一，二重结构说，把文化分为物质文化和精神文化二重结构；其二，三层次说，把文化分为物质文化、制度文化和精神文化三个层次；其三，六子系统说，把文化分为物质、社会关系、精神、艺术、语言符号和风俗习惯六个子系统；其四，四层次说，把文化分为物态文化层、制度文化层、行为文化层和心态文化层四个层次。学习时，可进行比较分析。

（3）理解"文化"与"文明"的区别。

"文化"与"文明"是联系非常密切的两个概念，要注意二者的区别。

①内涵上的区别：文化是人类征服改造自然、社会及人类自身的活动过程、成果等方面内容的总和；文明主要指文化成果中的精华部分。

②时间上的区别：文化存在于人类生存的始终，人类在文明社会之前便已经产生了原始文化；文明是人类文化发展到一定阶段的产物。

③表现形式上的区别：文化是动态的、渐进的、不间断的发展过程；文明则是相对稳定的、静态的、跳跃式的发展过程。

④词义上的区别：文化是一个中性词，人类在征服、改造自然的过程中，一切活动过程都是一种客观的社会存在，其中有优秀的、有益的、促进发展的内容，也有糟粕的、有害的、不利于进步的内容，但它们都属于文化；文明是一个褒义词，和正确的价值观相联系，是指文化的积极成果和进步成果。

2. 介绍中国文化形成的基础

主要包括中国文化产生的历史地理环境、中国文化植根的经济基础及中国文化所依赖的社会政治结构三方面内容，这是中国文化产生的根源，也是形成中国文化独特性的原因所在。

（1）中国的历史地理环境。

中国进入文明社会以来的整个历史时期的地理环境，即历史地理环境。这是中国文化产生和发展的地理生态，包括中国的疆域、政区、民族、人口、地形、地貌、气候等。中国地理环境的复杂性决定了中国文化的多样性。地理环境一旦对人类产生影响，也就同时被人类所改造，成为人类文化的一部分。

（2）中国传统社会的经济特点。

农耕自然经济是中国古代社会经济的主体。中国的农耕经济包含着手工业、商业等多种经济成分。中国的海洋贸易不是向外扩展的外向型经济，而是一种内敛型的经济，它是作为农耕经济的一种补充形式而存在的。从根本上讲，中国农耕社会的多元化结构造成了中国社会经济既早熟又不够成熟的特征，由此也制约了中国资本主义萌芽的顺利发展。这种以农耕经济为主而多元发展的特点，对中国传统文化的形成及特点具有深刻的影响。

（3）中国传统社会的政治结构特征。

中国传统社会政治结构具有两大特征：一是宗法制度完备而系统，其完善程度是其他国家所不能比拟的；二是专制主义严密，自国家形成之始，其专制就一脉相承，不仅持续时间长，而且存在日益强化的趋势。以宗法制度和专制主义为主要特征的中国传统社会政治结构对中国文化的影响是巨大的。

3. 介绍中国传统文化的发展历程及多民族文化融合与中外文化大交汇

介绍不同阶段中国文化所具有的特点和所取得的成就，以及在历史发展进程中汉民族与少数民族的多民族文化融合及中外文化的交汇。

这一部分的学习不仅要了解中国传统文化在各个阶段的发展状况及所取得的成就，而且要领会中国传统文化绝不是"封闭性"的文化，它从史前时期就开始了各部族间的文化交流和融合，秦汉以后不仅融合了国内各族文化，而且还与域外文化进行了大交汇。中外文化的第一次大交汇是在汉唐期间，地域主要在西域和南亚次大陆，内容主要是佛教哲学；中外文化的第二次大交汇始于明朝万历年间，直至当今中国改革开放以来，仍处于第二次大交汇时期。文化交流和文化融合在中华文化形成中发挥了很大的作用，同时，中华文化也对域外文化产生了持续性的影响。

4. 选择性地介绍中国传统文化的几种具体形态

课程内容通常包括对语言文字、科学技术、教育、文学、艺术、史学、伦理道德、宗教等具体文化形态的介绍。

（1）介绍中国古代语言文字。

语言文字既是传统文化的载体，其本身也是一种文化形态。要熟知中国汉字的演变过程，准确认识和把握中国语言文字的特点，为汉语言文字的教学和传播打下坚实的基础。

（2）介绍中国古代科学技术。

主要涉及中国古代天文学、数学、医学的辉煌成就以及对人类文明做出了巨大贡献的四大文明。学习这部分内容既要为中国古代重大的文化成就感到自豪，从而激发热爱祖国、热爱优秀文化的爱国情怀；也要进一步探讨中国传统科技的特点，自觉以历史的、辩证的观点全面认识分析中国古代科技的特点，既看到其积极的方面，也要正确认识其局限性。

（3）介绍中国古代教育。

中国古代教育是中国传统文化赖以延续和发展的基础。学习这部分内容应着重理解以下三个问题：一是古代教育制度的发展和演变；二是中国古代教育思想的特点；三是中国古代的教学思想。中国古代教育对文化做出了巨大的贡献，很多教育思想和教学方法至今仍具有积极意义，对于将来从事教育工作的人来说是十分有益的启示。

（4）介绍中国古代文学。

中国古代文学是中国传统文化中最为辉煌的部分，堪称人类文化宝库中的瑰宝。学习本部分内容应着重掌握如下几点：其一，中国古代诗歌、散文、小说的发展历程；其二，中国古代文学的辉煌成就；其三，中国古代文学的文化特征。学习时，应选读一些优秀的古代文学作品，以提高自己的文学素养，从中真正体会到中国古代文学的辉煌成就。

（5）介绍中国古代艺术。

中国古代艺术源远流长，是中国传统文化的一种重要形态。本部分教学内容通常包括中国古代建筑、雕塑、绘画、书法、音乐、戏曲等艺术门类及其辉煌成就，也涉及一些古代著名的艺术家及其代表作品。学习时，一定要对这些艺术门类进行考察、参观、赏析，要真正从艺术作品中去感受和体会各种不同门类的古代艺术的特点，从感性到理性，进而从总体上把握中国古代艺术的主要特征。

（6）介绍中国古代史学。

中国古代史学著作是古代最重要的文化典籍之一，在传统文化中占有重要的地位。学习这部分内容要把握以下两点：其一，认识把握中国古代史学的重要成就，要对各种史学体裁及其代表作有所了解；其二，理解把握中国古代史学的传统。在学习的过程中，要以历史和辩证的眼光来看待中国的史学，既要看到其辉煌成就，也要认识到其局限性。

（7）介绍中国古代伦理道德。

伦理道德是中国传统文化的核心，是对社会生活秩序和个体生命秩序的深层设计，是中国传统文化非常重要的部分。所谓中国传统的伦理道德，主要是指儒家的伦理道德，它是千百年来中华民族共同遵守的道德规范和行为规范。当然，中国传统伦理道德有其积极的成分，也有许多封建糟粕，我们对此应进行全面的认识和分析。

（8）介绍中国古代宗教。

学习这部分内容要重点理解四个问题：其一，宗教是一种意识形态，是一种文化现象。其二，中国原始宗教主要有日神崇拜、月神崇拜、山川崇拜、火崇拜、生殖崇拜和图腾崇拜等，原始宗教中的崇拜对象，有的演变某一特定族群，有的演变为上古神话中的角色，对中国古代文化产生了极大的影响。其三，道教是中国土生土长的宗教，除了要了解其基本教义之外，也要理解其产生与中国古代文化的关系及其产生后对中国古代文化的影响。其四，佛教是域外宗教，传入中国后经魏晋南北朝时期的改造，成为中国化的佛教，也应是中国传统文化的一部分。要理解佛教的中国化过程以及佛教对中国文化的影响，尤其要关注佛教对中国哲学，特别是对宋明理学的影响，关注佛教对唐宋诗歌和中国古典小说的影响，在理解上述问题的基础上，开拓思维，进一步思考如何正确对待外来文化，这一点非常重要。

5. 总结中国传统文化的特征和基本精神

这一部分是在完成上述四部分教学内容之后进行的，是对前面教学内容的总结，是从理论高度对中国文化的总体特征进行概括。

学习这部分内容可以帮助我们从总体上认识中国传统文化。需要注意的是，任何一个国家的传统文化都有积极和消极两个方面，中国传统文化也不例外。因此，应该用历史的、辩证的观点对中国传统文化进行全面的认识和分析。

需要指出的是，对中国传统文化特征的概括，各种文化论著不尽一致，所以在学习时，要广泛阅读，对各家观点进行比较分析。

6. 总结中国传统文化的价值体系

这部分是对中国传统文化的价值系统进行总结论述。价值观是一种评价系统，反映了某个群体的共同认知和理想。中国古代在长期的社会实践中，逐渐形成了以儒家的价值原则为主导，兼容道、法、墨、佛诸家价值观的价值体系。要注意对儒、道、法、墨等各家价值观的异同进行比较分析，在此基础上总结中国传统文化的价值体系，也要对各家观点进行比较分析。

7. 对中国文化的发展和走向进行探讨，并介绍中国新文化

新文化是中国文化的重要组成部分。中国传统文化是在长期的、特定的历史时期形成发展起来的，它适用于较为稳定的封建经济和封建的政治结构。鸦片战争之后，中国社会的经济结构、政治结构都发生了深刻的变化，传统文化也随之产生了深刻的危机，文化的变革和转型势在必行。在近代中国的文化舞台上，各种流派、各种势力都提出了各自的文化变革方案，但多数以失败告终。中国共产党人提出的"民主的、科学的、大众的文化"代表了中国新文化的发展方向。

如何建设社会主义新文化是当代最重要的文化议题，也是青年学子必须思考

的文化问题。本部分内容的讲解应包括对建设社会主义新文化几十年实践的反思及对 20 世纪 80 年代兴起的各种思潮的分析。学习本部分内容需要重点思考三个问题：其一，建设社会主义新文化的指导思想是什么？其二，在建设社会主义新文化的过程中，如何对待传统文化和外来文化？其三，如何坚持建设有中国特色的社会主义新文化？可以围绕这些问题展开广泛的讨论，将这些问题讨论清楚也是我们学习本课程的目的所在。

（五）学习本课程的方法

1. 课堂学习与课外阅读相结合

"文化"是一个很广泛的概念，所以文化的学习也是一种很广泛的学习。除了上好每一节课之外，更要进行广泛的阅读，包括纸质书籍的阅读和各种电子资源的视听阅读，除了阅读老师列出的推荐书目，也可通过网络观看相关的慕课、视频、影视资料等。此外，也要经常阅读相关的学术论文，了解最新的学术动态。这样才能开阔文化视野，提高文化素养，也才能在中国文化的研究领域有所关注，有所发现，有所创新，有所成就。

2. 历史梳理与逻辑分析相结合

中国文化历经五千余年，内容丰富，成绩斐然。在学习过程中，要对中国传统文化的各个门类，按时代先后与历史发展顺序进行梳理，形成明晰的逻辑线索，既可以梳理出历史框架，也可以绘制出思维导图，将知识化零为整。同时也要注重用理性的、哲学的眼光去分析历史问题，运用辩证唯物主义和历史唯物主义的观点，科学地认识分析中国传统文化，以历史主义的眼光来看待现实问题。

3. 研习典籍与社会实践相结合

记载中华文化的典籍汗牛充栋，要进行有选择性的阅读，多阅读经典文献。另外，中华文化的许多形态和要素是以非文本的形式留存于社会生活的，所以在研读典籍的同时，要努力进行各种社会实践，如考察山河文化，走进民俗文化，参观博物馆、名胜古迹、文化遗址和历史文物等，还可以进行各种社会调查和采风活动，关注留存于文本之外的物质和非物质文化遗产，把理论学习与实践考察相结合。这样才能对中国文化有一个全方位的、立体的、动态的了解和把握。

4. 批判继承与开拓创新相结合

学习传统文化，既要继承先贤已取得的成就，又要与时俱进、不断开拓创新。要用历史映照现实，用现实思辨历史，只有把批判继承与开拓创新相结合，才能真正担负起继承传统文化、开创建设新文化的历史使命。

5. 既要有坚定的民族自信心，又要具备宽容开放的文化意识

在当今新的国际局势下，中西文化冲突日益凸显，意识形态领域矛盾复杂，价值观冲突无处不在。如何在这种严峻的国际大环境下讲好中国故事，传播好中国声音，展现可信、可爱、可敬的中国形象？这就要求我们既要有坚定的民族自信心，又要具备宽容开放的文化意识。在学习本课程时，要具备开放包容的心态，既要深刻把握中国人的价值观、思维方式、行为方式所体现的中国文化的内核，增强文化自信，又要讲究"和而不同"，寻找到不同文化的共同点，增强文化差异的敏感性和包容性，提升尊重和宽容文化差异的意识，以开放的心胸和眼界正视差异和冲突，培养共情的态度和能力。

（六）推荐书目（标△为必读书目）

［1］教育部高教司组编，张岱年、方克立主编：《中国文化概论》，北京师范大学出版社，2004 年。△

［2］程裕祯：《中国文化要略》（第 4 版），外语教学与研究出版社，2017年。△

［3］钱穆：《中国文化史导论》，商务印书馆，1994 年。△

［4］冯天瑜：《中国文化史纲》，北京语言学院出版社，1994 年。△

［5］张岂之主编：《中国传统文化》（第三版），高等教育出版社，2010年。△

［6］陈剑锋、岳小颖编著：《中国文化概论》，复旦大学出版社，2017 年。△

［7］梁漱溟：《中国文化要义》，学林出版社，1987 年。△

［8］阴法鲁、许树安主编：《中国古代文化史》，北京大学出版社，1989年。△

［9］袁行霈、严文明、张传玺等主编：《中华文明史》，北京大学出版社，2006 年。△

［10］吕思勉：《中国通史》，中国社会科学出版社，2013 年。△

［11］冯友兰：《中国哲学简史》，北京大学出版社，1985 年。

［12］张岱年：《文化论》，河北教育出版社，1996 年。

［13］余英时：《文史传统与文化重建》，生活·读书·新知三联书店，2004 年。

［14］陈登原：《中国文化史》，辽宁教育出版社，1998 年。

［15］邵汉明主编：《中国文化研究二十年》，人民出版社，2003 年。

［16］林启彦、黄嫣梨编著：《中国文化导论》，香港教育图书公司，1998 年。

［17］陈玉龙等编著：《汉文化论纲：兼述中朝中日中越文化交流》，北京大学出版社，1993 年。

［18］王元化名誉主编，胡晓明、傅杰主编：《释中国》（1～4 卷），上海文艺出版社，1998 年。

［19］刘东主编：《中华文明》，社会科学文献出版社，1994 年。

［20］张岂之：《中华人文精神》，西北大学出版社，1997 年。

［21］唐得阳主编：《中国文化的源流》，山东人民出版社，1993 年。

［22］苏秉琦：《中国文明起源新探》，生活·读书·新知三联书店，1999 年。

［23］王震中：《中国文明起源的比较研究》，陕西人民出版社，1994 年

［24］李学勤主编：《中国古代文明与国家形成研究》，云南人民出版社，1997 年。

［25］何星亮：《中国图腾文化》，中国社会科学出版社，1992 年。

［26］王大有、王双有：《图说中国图腾》，人民美术出版社，1998 年。

［27］何星亮：《中国自然神与自然崇拜》，上海三联书店，1992 年。

［28］何新：《诸神的起源——中国远古太阳神崇拜》，光明日报出版社，1996 年。

［29］徐山：《雷神崇拜——中国文化源头探索》，上海三联书店，1992 年。

［30］刘学林、马重奇：《中国古代风俗文化论》，陕西人民出版社，1993 年。

［31］陈侃言、吕嘉健、曾强等：《中国地域文化论》，广州出版社，1994 年。

［32］赵世瑜、周尚意：《中国文化地理概说》，山西教育出版社，1991 年。

［33］孙隆基：《中国文化的深层结构》，广西师范大学出版社，2004 年。

［34］岳庆平：《家国结构与中国人》，中华书局，1989 年。

［35］沈大德、吴廷嘉：《黄土板结——中国传统社会结构探析》，浙江人民出版社，1994 年。

［36］辜鸿铭：《中国人的精神》，海南出版社，1996 年。

［37］易中天：《闲话中国人》，华龄出版社，1996 年。

［38］李庆善：《中国人新论》，中国社会科学出版社，1996 年。

［39］卿希泰主编：《中国道教》（1～4 卷），知识出版社，1994 年。

［40］中国佛教协会编：《中国佛教》（1～4 卷），知识出版社，1989 年。

［41］卿希泰主编：《道教与中国传统文化》，福建人民出版社，1990 年。

［42］方立天：《中国佛教与传统文化》，上海人民出版社，1988 年。

［43］张荣明主编：《道佛儒思想与中国传统文化》，上海人民出版社，1994 年。

［44］葛兆光：《禅宗与中国文化》，上海人民出版社，1986 年。

［45］姜广辉：《理学与中国文化》，上海人民出版社，1994 年。

［46］邹昌林：《中国礼文化》，社会科学文献出版社，2000 年。

［47］刘士林：《中国诗性文化》，江苏人民出版社，1999 年。

［48］何九盈等主编：《中国汉字文化大观》，北京大学出版社，1995 年。

［49］丁俊清：《中国居住文化》，同济大学出版社，1997 年。

［50］田秉锷：《中国文化走向论》，四川人民出版社，1995 年。

［51］龚书锋主编：《中国近代文化概论》，中华书局，1997 年。

［52］郑刚：《岭南文化向何处去：广东、香港的现时危现与未来选择》，广东旅游出版社，1997 年。

［53］［美］马文·哈里斯著，黄晴译：《文化的起源》，华夏出版社，1988 年。

［54］［美］露丝·本尼迪克特著，王炜等译：《文化模式》，三联书店，1988 年。

［55］林惠祥：《文化人类学》（第二版），商务印书馆，1991 年。

［56］司马云杰：《文化社会学》，山东人民出版社，1990 年。

［57］何星亮：《图腾文化与人类诸文化的起源》，中国文联出版公司，1991 年。

［58］张岩：《图腾制与原始文明》，上海文艺出版社，1995 年。

［59］朱狄：《信仰时代的文明——中西文化的趋同与差异》，中国青年出版社，1999 年。

［60］沈福伟：《中西文化交流史》，上海人民出版社，1996 年。

五、语言学概论课程学习导论

（一）课程教学目标与要求

语言学概论课程是语言理论基础课，包括导言、语言的社会功能、语言是符号系统、语音和音系、语法、语义和语用、文字、语言演变与语言分化、语言的接触、语言系统的演变十个部分，从理论上探讨人类语言的本质、结构规律和演变规律。本课程以教师讲授为主，主要讲授语言的普遍特征和规律，以介绍语言的共性为主。教师讲授力求贯彻理论联系实际的原则，结合练习、讨论等方式，帮助学生系统地掌握语言学基础理论。通过本课程的学习，要求学生能够树立科学的语言观，获得语言学的基础知识和基本理论，并且初步具备运用语言学的科学方法分析语言现象的能力，为进一步学习或从事语言艺术或其他与语言文字应用相关的工作奠定基础。

（二）课程性质

本课程是汉语言文学专业和汉语国际教育专业所必修的一门学科基础课，共2学分。总共36学时，2学时/周。主要研究语言的性质、结构规律、演变规律以及语言与文字的关系等方面。

（三）学习本课程的意义与目的

1. 学习本课程的意义

通过学习语言学，提升个人的语言学知识、语言修养，并进一步升华为个人人生的高雅志趣，使学生真正实现全面发展。

2. 学习本课程的目的

本课程是汉语言文学专业和汉语国际教育专业必修的学科基础课，是为培养高素质人才而开设的一门通识教育必修课，其目的是提升大学生的语言素养和人文素质，为其健全人格的养成和知识能力结构的全面发展创造条件。

（四）课程内容简介

本课程的十部分内容可分为语言在社会中的地位和作用、语言的内部结构、语言的发展、文字四大板块。第一板块探讨语言在社会中的地位和作用，涉及导言和第一章内容，主要讲授语言学的对象和任务、语言学的分类、语言学发展简史、语言学在科学体系中的地位、语言学的功用；语言的社会功能和思维功能。第二板块探讨语言的内部结构，涉及第二章至第五章的内容，包含语音、词义、语法研究方面的内容，如：语音、音响、发音、音位、音位的组合与聚合；词汇和词义、词义分析、词义的组合与聚合、词典义和语境义；语法和语法单位、语法的组合与聚合。第三板块深入分析语言的发展，涉及第七章至第九章的内容，主要学习语言发展的原因和特点、语言的分化、语言的统一；语言成分的借用、语言的融合、语言接触的一些特殊形式；语音的发展、词汇和词义的发展、语法的发展。第四板块主要探讨文字的相关问题，涉及第六章的内容，主要包含文字和语言、文字的基本性质与文字的产生、共时文字系统的特点及分类、文字的发展与传播、书面语五个方面的内容。

（五）学习本课程的方法

语言学概论是一门介绍语言学基础知识和理论体系的课程，涵盖了语音学、语法学、语义学、语用学、历史语言学等多个方面。语言学概论属于语言类课程，具有语言类课程的基本特征：艰深难懂，抽象枯燥。与文学类课程相比，缺少生动形象性及故事情节的趣味性。有人说，语言类学科是文科中的理科，正是指这一特点。因此，采用科学的学习策略十分重要，可以有效提高学习效果和效率。

1. 积极参与课堂

语言学概论艰深、枯燥的学科特点，要求学生注意平时的学习和积累，靠临时突击是很难全部理解学习内容的。比如语音部分涉及音素的发音部位、发音方法，音位的区别特征、聚合特征，这些抽象的、陌生的知识，很难一下子学会。在课堂上认真听讲，遇到问题积极发言，和老师、同学进行交流和讨论，这样可以更深刻地理解和掌握语言学的概念和知识。

2. 理解语言学的基本概念和概念间的关系

语言学概论作为一门独立的学科，涵盖了大量的概念。比如词汇部分，术语有基本词汇、一般词汇、词根、词缀、词尾等；语法部分又需要区分语法形式、语法意义、语法手段、语法范畴，孤立语、屈折语、黏着语、复综语等系列概念。理解掌握这些术语也是该课程的难点。学习时不仅要弄清楚这些核心的概念，还要关注彼此之间的关系。比如词缀与词尾虽然都是附加成分，但它们之间又有微妙的差别；屈折语与黏着语虽然同是词形变化丰富的语言，但变词语素对词根语素的依附程度又有所不同。因此，弄清这些基本概念及概念之间的相互关系，也是学好语言学概论的一个重要环节。

3. 勤做笔记，多加思考，学会总结

在学习语言学概论的过程中，要动手做笔记，画思维导图，对不理解或不完全理解的知识点做好标记。做笔记有很多好处：一是巩固知识。语言类课程本身难以理解，比如语流音变中的同化、异化、增音、脱落等现象都是很难掌握的，在理解的基础上动笔写一下，对知识的巩固很有帮助，正所谓"眼观十遍，不如手写一遍"。二是提高效率。根据标记出的知识难点，复习时可以有针对性地进行回顾，提高学习效率。

4. 按时完成课后练习

语言学概论是一门理论课。学生在感知了理论知识后，要结合一定量的练习来记忆、理解、巩固所学的理论。要正确地认识练习的意义，切忌眼高手低：填空类的记忆性练习一定要记准；简答、论述类的练习理解要全面；具体分析的技能性练习，比如用国际音标给汉字注音的练习题，一定要动手写，写的过程中会发现原以为简单的题目还存在很多问题，要及时查漏补缺。理论的学习与相关的练习结合起来，可以收到事半功倍的效果，既有利于知识的巩固又可以增强学习的信心。

5. 及时复习

语言学概论艰深、抽象，即使是当下理解的知识，如果不及时复习，也会迅速地遗忘。学习时要一边学习新知识，一边注意巩固旧知识。复习语言学概论的一个简单有效的方法是，根据考试大纲来回忆所学的内容。通过考试大纲查漏补缺，全面了解自己对本课程的掌握情况。

6. **熟练使用学习资源**

学习语言学概论需要使用各种学习资源，例如教材、笔记、参考书、网络资源等。通过这些资源，可以学习最新的研究成果、与研究者交流，也有助于增强研究兴趣和开阔语言学视野。

总之，语言学概论是一门知识丰富、理论繁多、实践性强的学科，需要秉持积极主动的学习态度和灵活的学习策略。只有在不断的学习和实践中，才能获得预期的学习效果。

（六）推荐书目（标△为必读书目）

［1］叶蜚声、徐通锵著，王洪君、李娟修订：《语言学纲要》（修订版），北京大学出版社，2010 年。

［2］高名凯、石安石主编：《语言学概论》，中华书局，1963 年。△

［3］教育部师范教育司组织编写，李宇明主编：《语言学概论》（第二版），高等教育出版社，2008 年。△

［4］伍铁平编著：《普通语言学概要》（第二版），高等教育出版社，2006 年。

［5］徐通锵：《基础语言学教程》，北京大学出版社，2001 年。

［6］段曹林主编：《〈语言学纲要〉（修订版）同步辅导与习题集》，西北工业大学出版社，2020 年。△

［7］徐通锵、胡吉成主编：《〈语言学纲要〉学习指导书》，北京大学出版社，2001 年。

六、汉语国际教育概论课程学习导论

（一）课程教学目标与要求

1. 课程教学目标

本课程主要运用讲授法、启发法、讨论法、任务型教学等，结合实际汉语国际教育课堂教学案例帮助学生学习、理解理论知识，锻炼学生运用理论知识思考、分析问题的能力，以及针对教学知识点进行相关技能训练。具体目标如下：

（1）了解和掌握汉语国际教育的学科体系、学科基础理论、语言习得理论和基本教学方法，提高学生的汉语教学技能。

（2）了解汉语国际教育学科在中国和世界的发展现状和趋势。

（3）知道汉语国际语音、词汇、语法、汉字等的教学方法和技巧，理论结合实践，达到学有所用的目标。

（4）掌握第二语言习得理论、教学法流派、汉语教学设计、汉语课堂教学、教材、评估测试等内容，并能够发表自己的看法。

2. 课程教学要求

课程教学要求就教师而言，应该做到：在授课过程中坚持理论与实践相结合、感性认识与理性认识相结合的原则，循序渐进、由浅入深、讲练结合、学以致用。就学生而言，应该做到：充分认识到学习汉语国际教育概论这门课程的重要意义，增加对本专业的了解，增强信心，培养兴趣；在本课程的学习中，应遵循理论结合实践的学习路线，积极参与课堂讨论，保质保量完成教师设计的配套练习，在实践的过程中进一步加深对理论知识的理解和应用；做到课前预习、课后反思，及时解决学习过程中遇到的各种问题。

（二）课程性质

汉语国际教育概论是一门必修的核心课程，也是汉语国际教育专业的入门课程。本课程概要、系统地介绍了本专业所必须具备的最基本的第二语言教学和汉语教学的理论知识，学习这门课程有利于促进对本专业其他课程的学习，更为今后从事以汉语作为第二语言的教学或研究工作者，在培养教学设计、课堂教学、教学评估、教辅材料的编写与运用、教材评估以及考试的编制等能力方面搭建脚手架。本课程在汉语国际教育专业学生的人才培养目标中占重要的地位。

（三）学习本课程的意义与目的

1. 学习本课程的意义

本课程讲授的是通用的一般性理论知识和技能，包括汉语国际教育学科的提出、学科性质、任务、特点及学科建设的相关探讨；汉语作为第二语言教学在中国和世界范围的发展情况，汉语国际教学的语言学基础、教育学基础、心理学基础和文化学基础，第一语言和第二语言的学习和习得的主要理论和假说，第二语言教学的主要流派和发展趋向，汉语国际教学理论的应用等。通过学习这些理论和知识，帮助学生树立世界眼光、培养国际视野、提高人文素养。以上理论和知识，也为学生未来从事汉语国际教育相关职业提供了知识储备和技能。

2. 学习本课程的目的

本课程从培养汉语教师的需要出发，教授汉语作为第二语言的教学理论和习得理论的理论基础知识，并以本课程教材内容提出的对外汉语教育学科理论体系为纲，力图使该专业学生形成一个初步的系统，为后续学习语言学、文化学、跨文化交际、二语习得和教学法等相关专业课程打下基础。依照本课程主用教材结构，分别为课堂教学设置具体的课程目的。

主用教材分为"绪论篇""基础篇""习得篇""教学篇""结语篇"共五篇十章的内容。"绪论篇"的内容主要让学生对汉语国际教育学科有一个初步的宏观认识与了解，了解本课程的学习框架。"基础篇"的内容使学生能以更广阔的视野加深对本学科的认识，对未来将要学习的专业课程具有相应的认识。"习得篇"的内容为学生学习教学理论打下基础，突出本学科研究的前沿阵地。"教学篇"的内容使学生结合之前学习的教学理论，配合课堂练习实践，独立完成教学设计等任务。"结语篇"使学生回顾整个课程内容，加强对本学科的思考和对研究方法的探究。

（四）课程内容简介

汉语国际教育概论这门课程的内容主要分为理论教学和课堂练习两个部分。

理论教学部分主要包括：①汉语国际教育的学科任务、特点和定位，汉语国际教学的发展简史、学科现状和学科体系；②作为本学科理论基础的语言学、教育学、心理学、文化学和与本学科密切相关的基础概念和基本知识，以及它们对本学科的影响等；③西方有关语言习得的理论和假说，以及对语言习得进行研究的几个主要方面；④第二语言教学法流派、对外汉语教学论等。

课堂练习部分主要在课堂上结合相关理论知识对学生进行优秀课堂教学案例分享、分析、讨论和写作练习，包括教学目的和基本原则、对外汉语教材、对外汉语教学过程、课堂评价的技巧和评估、语音/词汇/语法/汉字教学以及语言测试等方面的内容。结合国际学校的教学要求和环境，探究本学科在实际操作中的优化策略等。

（五）学习本课程的方法

1. 了解和熟悉汉语国际教育专业的总体概况

学习任何一门课程，都要先了解和熟悉本专业，这样才能认识学习的科目和内容，制定学习目标，特别是要分辨本专业各项相关的基本概念和名称。首先要对本专业的名称有所认知，例如，本专业从"对外汉语"变为"汉语国际教育"的名称变化，此外，还需要将汉语国际教育概论与汉语教学、外语教学、第二语言教学、应用语言教学等学科名称进行区分。语言教学中有关语言的几个基本概念也要明辨，例如：第一语言和第二语言、母语和外语、本族语和非本族语等。这样，学生在进行教学设计时，才能够更准确地分析教学对象，制订更有针对性的教学计划和教学实施方案。

2. 基本掌握汉语国际教育概论相关学科的理论基础

学习本课程，需要重点掌握与本课程相关的理论基础，主要包括四门学科的相关基础知识，即语言学、教育学、心理学和文化学。

语言学部分需要学生着重掌握语言的基本特征对对外汉语教学的启示；语言学的发展对第二语言教学的影响；近几十年来发展迅速的功能主义语言学，特别是有关语言能力和交际能力、语言形式和语言功能、话语分析和会话分析、言语行为理论和会话含义理论等对对外汉语教学的影响，并从对外汉语教学的角度对汉语的特点做简要分析。

教育学部分需要掌握涉及普遍教育规律的一些基础知识：教育的作用和目的，特别谈到对外国学习者的教育问题；教学过程和教学原则，着重谈到四种教学模式（传授式、活动式、发现式、发展式）和九条普遍的教学原则（科学性与思想性相结合的原则，知识传授与智能发展相结合的原则，理论联系实际与以理论知识为主导相结合的原则，教师的主导作用与学生主动性、自觉性相结合的原则，统一的培养要求与因材施教相结合的原则，系统性与循序渐进相结合的原则，直观性原则，巩固性原则，量力性原则）；教学内容和教学方法，介绍两种课程论（学科课程论、活动课程论）和四种主要的教学方法（以语言讲授为主的教学方法、以观察为主的教学方法、以训练为主的教学方法、以陶冶为主的教学方法）。

心理学部分主要掌握语言的生理—心理基础，着重了解言语活动在大脑皮层上的机能定位问题和大脑功能侧化与语言学习"关键期"的假说。此部分重点分析对语言教学有很大影响的重要心理活动——记忆，包括记忆的类型、记忆的过程、遗忘的规律与如何加强记忆。此外，还需简要了解心理学发展的主要流派（构造主义、机能主义、格式塔心理学、行为主义、精神分析学派、认知心理学、人本主义心理学）——其中很多流派与第二语言教学法关系十分密切。

文化学部分考虑到文化是对外汉语教学内容的一部分，因此这部分不仅要了解文化学在理论上对本学科的指导作用，如文化的种类与特征、语言与文化的关系、跨文化交际的特点、跨文化交际中的文化冲突与适应等，同时也要掌握对外汉语教学中文化教学一些比较具体的问题，如与语言教学相关的文化教学内容，特别是语言文化因素、文化教学的原则和方法等。

3. 了解语言习得的相关理论/假说及第二语言习得的研究情况

语言的学习和习得是有区别的，学生首先需要分清楚"学习"和"习得"两者之间的区别，再进一步了解语言习得的相关理论和假说。这里，学生一方面需要将第一语言习得与第二语言习得进行对比；另一方面，需要学习第二语言习得的研究过程，主要包括区分错误、失误、偏误三者的概念及对比分析，影响学习者二语习得的个体因素分析，语言学习环境的影响等内容。课堂上积极参与讨论，从老师、同学身上学习不同的思考方法，互相借鉴，为课程学习打下基础，熟能生巧。

4. 了解第二语言教学法的主要流派，掌握一定的教学方法和评估手段

本专业主要培养将中文作为第二语言进行教学的学生，那么，了解第二语言教学法的主要流派是非常重要的。不同的教学法流派有其各自主张的教学方法，因此，在了解第二语言教学法主要流派的基础上，学习掌握其中有效的教学方法是非常必要的。这里不要求学生将所有流派的全部内容背熟，但需要熟悉不同流派的主要观点和主张；也不要求学生熟练掌握所有的教学方法，但需要知道教学方法有哪些，掌握主流的教学方法和实践教学过程中运用最多的几种，能够在面对不同类型的课程（如听力、口语、写作、阅读、文化课等）、不同的教学对象时，有针对性地选择合适的教学方法进行有效教学。

5. 多看一些优秀的教学案例，并经常进行教学设计写作练习

学生初期接触汉语国际教育教学时，最大的难题是没有相关的教学经验，课堂里的理论学习像是纸上谈兵，在这样的情况下，多揣摩学习优秀的教学案例并做好笔记是不错的办法。这个教学案例可以是优秀的教学设计，也可以是真实的课堂教学视频。从别人的实践中观察、了解课堂情况，学习课堂的实施与管理，比如教学步骤的安排、教学活动的设计、教学环节和时间的把控、课堂突发状况的解决，等等。在此基础上，可以先将视频中的内容形成文字版的教学设计，从

模仿开始，进行教学设计的写作练习。也可以反向操作，将别人优秀的教学设计变成教学实践，在现实课堂中与同学进行模拟。经常进行这样的练习，一方面可以锻炼教学思维和口语表达；另一方面可以锻炼相关的写作技能，做到熟能生巧，独立完成完整的教学设计。

6. 关注专业发展动态

汉语国际教育专业与国际接轨，学生需要多关注行业动态，了解相关信息，比如专业的名称变化、国家专门组织的名称变化及政策改革、国际教育动态、相关的比赛资讯、语言的考核评估要求等，以便随时在课程学习中调整学习方向。

7. 树立正确的价值观

价值观是在具体环境中潜移默化形成的，中华优秀传统文化对我们价值观的形成起了很大的促进作用。学习本课程，需要树立平等、包容、积极的价值观，特别是在进行跨文化交际时，不能过度谦卑，也不应产生种族中心主义的思想，特别是在教育环境中与学生相处时，需要尊重多样文化，了解不同学生的文化背景，这有助于教学的开展。

（六）推荐书目（标△为必读书目）

[1] 刘珣：《对外汉语教育学引论》，北京语言大学出版社，2000 年。

[2] 吕必松：《对外汉语教学发展概要》，北京语言学院出版社，1990 年。△

[3] 叶蜚声、徐通锵：《语言学纲要》，北京大学出版社，1997 年。△

[4] 杨忠、张绍杰：《语言理论与应用研究》，东北师范大学出版社，1995 年。△

[5] 周思源主编：《对外汉语教学与文化》，北京语言文化大学出版社，1997 年。

[6] 关世杰：《跨文化交流学：提高涉外交流能力的学问》，北京大学出版社，1995 年。

[7] 祖晓梅：《跨文化交际》，外语教学与研究出版社，2015 年。

[8] 张亚军：《对外汉语教学法》，现代出版社，1990 年。

[9] 王建勤主编：《汉语作为第二语言的习得研究》，北京语言文化大学出版社，1997 年。

[10] 李宇明：《儿童语言的发展》，华中师范大学出版社，1995 年。

[11] 章兼中：《国外外语教学法主要流派》，华东师范大学出版社，1983 年。

七、语言教学法课程学习导论

语言教学法是汉语国际教育专业的必修课，内容包括汉语作为第二语言教学的性质和目的、语言教学法流派、语言要素教学法、技能教学法、语言测试等。其中，汉语作为第二语言教学的性质和目的是总论，也是课程展开的前提；语言教学法流派是对世界语言教学法的发展和现状的概说；语言要素教学法分别从语音、汉字、词汇、语法等方面谈其教学的原则、方法和技巧；技能教学法按照技能来划分课型法及实施过程；语言测试包括语言测试的原则、方法等。总的来说可以分为三大块：理论基础、汉语教学法、语言测试，其中汉语教学法是语言教学法和技能教学法的合称，是本课程的重点和难点。这两个部分是拆分和组合的关系，前一部分重在掌握各个语言要素的教学方法和技巧，后一部分重在如何将各要素整合成不同技能的课型来实施教学。

（一）课程教学目标与要求

1. 课程教学目标

（1）通过本课程的学习，提高学生课堂教学的基本理论水平和基本的教学能力，引导学生尽快入门课堂教学，这是最主要的目的。掌握具体的教学方法和教学实例，能够阐述基本的课堂教学理论，同时增加感性认识，积累初步的教学经验。

（2）为科学研究打好理论基础，并提供可资借鉴的研究方法。本课程通过讲授、讨论和实践，使学生对课堂教学的规律有一个比较全面、清晰的认识，为将来开展课堂教学的研究工作打下初步的理论知识基础。通过本课程的学习，掌握观察问题、研究问题、分析问题、解决问题的方法，为将来开展课堂教学的研究工作积累基本的研究方法。

2. 课程教学要求

（1）了解汉语作为第二语言教学的性质、特点。

（2）深入了解各教学法流派的理论基础、教学原则和教学过程。

（3）了解语言教学的过程、原则，理解课堂教学的原则及具体实施方法。

（4）熟悉并掌握语音、汉字、词汇、语法等各语言要素的教学方法和教学技巧。

（5）熟悉并掌握精读课、泛读课、听说课、写作课等课程类型的教学要点及方法。

（二）课程性质

本课程是汉语国际教育专业的一门必修课，共 2 学分。课程共 36 学时，2 学时/周。本课程主要研究基本的语言教学理论和语言教学方法。

（三）学习本课程的意义与目的

汉语国际教育专业的学生将来极可能成为汉语教师，而教师工作的主要场所是课堂，教师从事的主要工作是语言教学。那么，作为一名教师就必须研究语言教学，了解语言教学的理论和方法，掌握课堂教学的规律。对于有志成为教师的人来说，语言教学法是非常重要的课程，必须认真对待。

（四）课程内容简介

本课程总体上分为三个部分：理论基础、汉语教学法、语言测试。由于第一部分理论基础在汉语国际教育概论课程中已有涉及，因此，在本课程中只是做简要的回顾、总结，为第二部分汉语教学法做好铺垫。第二部分是课程的重点，主要是介绍语音、汉字、词汇、语法等语言要素的教学方法和技巧，以及听、说、读、写四项技能在不同的汉语课型中的训练方法和技巧。由于课时有限，第三部分语言测试的课时分配不多。

1. 理论基础

首先，要清楚汉语作为第二语言教学的性质和特点。对外汉语教学是对外国人进行的以汉语作为第二语言的教学，其教学特点是：以培养汉语交际能力为目标，以技能训练为中心，以基础阶段为重点，以语言对比为基础，与文化因素相结合，集中、强化教学。

其次，要知道汉语教学法的理论支柱包括语言学、心理学、教育学、文化学四个学科。具体来说，第一，一切外语教学法所涉及的教学内容都跟语言有关，如何处理这些语言学原理、语言要素和语言之间的不同点，就构成了不同教学法的原则和特点。第二，心理学主要是了解语言习得理论和语言教学理论、教学方法的心理学基础。第三，汉语教学是教育学的一个分支，具体的教育理论影响并指导汉语教学。第四，语言是文化的载体，要想掌握好语言，必然要深入了解其文化。

再次，要明晰汉语的特点与对外汉语教学，这一部分主要包括汉语语音的特点与教学、汉字的特点与教学、汉语词语的特点与教学、汉语语法的特点与教学。

最后，要了解国外的语言教学法流派及其分类。按照语言教学特征可分为认知派、经验派、人本派、功能派；按照教学目标可分为以听说实践为主派、以分析理解为主派；按照语言教学法应用的时间顺序可分为 20 世纪语言教学的主要趋势、非传统流派、当前的交际法流派等。

2. 汉语教学法

（1）语言要素教学法。

①语音与语音教学。这是汉语教学的重中之重。一个学生学习一门语言的优劣，最直观的体现就是其语音面貌。因此，语音教学贯穿整个汉语教学的始终。在学习如何教授汉语语音之前，首先要了解汉语语音的特点：音位的对应性、音节的音乐性、声调的起伏性，弄清楚该如何安排语音教学的各个阶段。其次，要明白语音教学与其他语言要素教学之间的关系。最后，要理解并掌握语音教学的原则、方法和技巧。

②汉字与汉字教学。这是汉语教学的特色，也是汉语教学的难点。汉字是目前世界上使用的最古老的文字，它是兼具表意和表音的平面方块字。对于习惯了使用拼音文字的学生来说，汉字难认、难写、难记，却是汉语教学中不能绕开的难题。在这一部分，我们首先要了解汉字的性质、特点以及历史，更深入地了解汉字。其次，要了解汉字教学的原则、方法和技巧。

③词汇与词汇教学。这是汉语教学中最核心的部分。词汇的理解和运用，决定了学生语言表达的丰富程度。这一部分我们首先要了解词汇教学的意义、词汇教学和语法教学的关系、词汇教学的发展历程。在此基础之上，进一步掌握词汇教学的原则、内容以及方法。

④语法与语法教学。这是汉语教学的重难点。语法是语言的组织规律，如果说词汇是建筑材料的话，那语法就是语言的地基和构造。如果没有地基和构造，建筑材料再丰富，语言的房子也很难搭建出来。在语法教学中我们首先要了解汉语语法的特征，进而掌握语法教学的基本环节、方法。

（2）技能教学法。

听、说、读、写的能力高低是一个人语言能力高低的体现，因此汉语学习的课程划分为：精读课、听力课、口语课、阅读课、写作课。其中精读课是基础课，奠定了汉语学习的根基，其他课程则分别对应相应的语言能力。

①精读课。首先，我们要了解这门课程的性质、特点。其次，掌握这门课程的教学内容和方法。精读课的教学内容是围绕语音、汉字、词汇、语法四个语言

要素展开的。

②听力课。听力课的主要目的是培养学生的汉语听辨能力，要求准确理解所听到的内容。这门课我们应该了解听力课的课型特点、听力理解的本质和规律、听力课的性质和课型地位，明确听力课总的教学目的。

③口语课。口语课主要目的是提升学生的汉语口头表达能力。口头表达能力是一个人语言能力最直观的体现。这门课程我们首先要了解口语教学的原则：以学习内容、课堂活动、学生为中心的交际性原则，个人化原则，精讲多练原则。

④阅读课。阅读课的教学目的主要是提升学生的阅读理解能力。阅读能力的高低关系到学生能否成为一个高水平的语言学习者。首先，应该了解阅读课教学的性质和特点，在此基础上掌握阅读课的教学原则。其次，熟悉阅读课的教学要点和方法。最后，明确阅读课要培养学生哪些阅读能力。

⑤写作课。写作课的主要目的是培养学生的笔头表达能力，也就是遣词造句的能力。这门课程有一定的难度，不光要教会学生选择合适的词语，造出符合语法规范的句子，还要教会学生如何布局、谋篇。那么，我们首先要了解写作教学的必要性和重要性以及与写作相关的因素，其次要了解写作教学的原则以及不同阶段写作课的教学方法和技巧。

3. 语言测试

语言测试是对教学效果的检验，也是制订下一阶段教学计划的参考。那么，我们首先应该了解语言测试的性质、目的，以及测试与教学之间的关系。其次要了解语言测试的类别，如分散测试和综合测试、主观测试和客观测试、分班测试和学能测试、常模参照测试和标准参照测试，以及入学分班测试、阶段性测试、期中期末考试。我们还要掌握语言测试的基本原则，即针对性、可靠性、有效性、实用性。最后，我们要重点掌握对外汉语教学测试的特点及步骤。

（五）学习本课程的方法

1. 知其然，知其所以然

所谓"知其然，知其所以然"，就是不但要了解不同课型的教学原则、步骤、方法、技巧，还要清楚其背后的理论依据是什么，为什么要这样做，目的是什么。只有这样，才能在教学中做到心中有底、游刃有余。那么，这就要求我们上课时要紧跟老师的教学节奏，勤思考，多发问。

2. 他山之石，可以攻玉

所谓"他山之石，可以攻玉"，就是在学习的过程中，我们要善于利用各种资源，比如可以在中外语言交流合作中心的网站上搜索优秀的教学案例、教学视频，也可以在慕课之类的学习网站上观摩优秀的教学视频，还可以在个人经验分享的平台上浏览别人的经验帖子，看看别人是怎么做的，哪些方法、技巧可以为你所用。

3. 纸上得来终觉浅

在这里要告诫大家：想要学到真本事，不能只看，还要多练，尽可能地抓住老师上课给你的操练机会。做好充足的准备，多听取老师、同学的建议，课后要积极地反思、总结。找出自己做得好的地方，也要看看还有哪些地方可以再提升。除此之外，你还可以在语言学习平台、语言培训机构实习、兼职，为自己争取更多的实践机会。积累丰富的实践经验，这是走向优秀汉语教师的必由之路。

（六）推荐书目

［1］吴勇毅主编：《汉语作为第二语言教学的教学方法研究》，商务印书馆，2019 年。

［2］徐子亮、吴仁甫：《实用对外汉语教学法》，北京大学出版社，2005 年。

［3］陈昌来主编：《对外汉语教学概论》，复旦大学出版社，2005 年。

［4］陈枫主编：《对外汉语教学法》，中华书局，2008 年。

［5］刘珣：《对外汉语教育学引论》，北京语言大学出版社，2000 年。

八、中国古代文学课程学习导论

（参见汉语言文学专业中国古代文学课程学习导论）

九、中国现代文学课程学习导论

（参见汉语言文学专业中国现代文学课程学习导论）

十、中国当代文学课程学习导论

中国当代文学是汉语言文学专业和汉语国际教育专业的必修课，内容包括中国 1949 年以来的文学。在教材的编写上，以时间为径，分为 1949 年至 20 世纪 70 年代文学、20 世纪 80 年代至 90 年代文学、2000 年以来的文学三个阶段。各阶段又以文学文体发展为纬，分为思潮、小说、诗歌、戏剧、散文，各文体上又分别以概述、重要代表作家和作品为经，经纬交织，点面结合。本院中国当代文学课程是中国现代文学课程的延续，教材采用的是普通高等教育"十五"国家级规划教材：朱栋霖、朱晓进、吴义勤主编《中国现代文学史（1915—2018）》（下册），高等教育出版社出版。

（一）课程教学目标与要求

1. 课程教学目标

（1）总体目标：在马克思主义文艺思想的指导下，让学生了解和掌握1949年以来中国当代文学发生与发展的基本状况和主要作家作品，认识和理解中国当代文学的重要价值与意义。

（2）具体目标：

①认识、了解当代文学史的基本情况，注重对具体作家、作品的介绍，提升学生基本文学素养、美学素养，提高学生对当代作家与作品的鉴赏水平与理解能力。

②掌握中国当代文学的发展脉络，学习小说、诗歌、散文、戏剧等文类知识和代表作家的创作风格，对重要作品进行研读。

③建立正确的文学历史观、多元开放的文学价值观，提高学生作品阅读、历史认知、独立思考的能力，促进学生健康人格的培养及审美观的教育。

2. 课程教学要求

本课程是中国现代文学课程的延续，内容涉及文学理论和小说、诗歌、散文、戏剧等多种体裁的文学作品。通过讲授本课程，让学生了解中国当代文学的丰富性、多样性和最新发展动态，培养学生的文学鉴赏能力、理论创新能力和文学鉴赏水平。教师授课时，可适当拓宽视野，从比较文学和跨学科的视角，适当返回到文学作品的生产现场和创作语境中，以提高学生的学习兴趣和学习积极性，同时应适当关注当下最新的文坛动向与出版资讯，提高学生的学习兴趣。

（二）课程性质

中国当代文学是汉语言文学专业和汉语国际教育专业一门必修的核心课程，是学生了解和掌握中国文学知识的主要课程之一。

（三）学习本课程的意义与目的

通过本课程的学习，系统了解中国当代文学的基础知识，掌握新中国成立以来的文学思潮、作家作品、文学批评等基本概况，理解中国当代文学的基本特征、发展过程、主要成就等，学习并初步掌握与中国当代文学相关的语言表达能力。掌握基础的理论知识，开阔视野。

本课程的学习可以使学生对新中国成立以来的文学发生与发展有清晰的认识。提高学生阅读赏析当代文学作品的能力，并对学生进行健康人格及审美观的教育。同时，本课程能有效地引导和帮助学生观察和了解当下社会，在客观、切实、深入了解当代生活的基础上，通过当代文学所展示的文化面貌、文化精神，培养跨文化的视野，引领当代大学生投身社会主义现代化建设中，积极构建人类命运共同体。这对于培养创新型、复合型人才具有积极意义。

（四）课程内容简介

本课程按学界常用的时间段分法，将中国当代文学史分为三个主要阶段，分别为1949年至20世纪70年代文学、20世纪80年代至90年代文学、2000年以来的文学。每一阶段的学习，首先是概要地了解该阶段的文学思潮与运动，初步了解基本的文学状况；在此基础上，分章学习小说、诗歌、戏剧、散文等方面的内容，以作家作品的学习为中心。此外，还增加了20世纪50年代至70年代的台港文学概述和小说、诗歌、戏剧、散文的相关内容，以及简要介绍了现当代少数民族文学四大文体发展的概况，以拓展学生的视野。

1. 第一阶段：1949年至20世纪70年代文学

（1）1949—1976年文学思潮。

了解"十七年"文学制度、作家群、文学生产，以及这一时期的主要论争和作家作品。主要有对电影《武训传》的相关讨论、批评俞平伯《红楼梦研究》和清算胡适派唯心论的思想、清查胡风反革命集团及其文艺思想、"双百"方针与反右派运动、60年代文艺批评、"文革"文艺思潮、样板戏。

（2）20世纪50年代至60年代的小说、诗歌、戏剧、散文。

①小说：这一时期的小说创作以革命现实主义为主潮，主要题材有革命历史题材、现实题材和农村题材。出现一批具有代表性的作家，如赵树理、周立波、李准、梁斌、杜鹏程、吴强、欧阳山、姚雪垠。充分理解"百花齐放，百家争鸣"背景下的另一种创作：萧也牧《我们夫妇之间》、路翎《洼地上的战疫》、邓友梅《在悬崖上》、宗璞《红豆》、陆文夫《小巷深处》、茹志鹃《百合花》、

王愿坚《亲人》、刘真《英雄的乐章》。对柳青《创业史》、梁斌《红旗谱》、杨沫《青春之歌》、王蒙《组织部来了个年轻人》等重点作品的主人公形象、思想意义和艺术特点的研读是理解和掌握的重点。

②诗歌：这一时期重要的诗歌群体有从国统区走进当代的诗人；有在国统区开始创作，后转入解放区的诗人；有从解放区或新中国成立后成长起来的诗人。诗歌创作主题以颂歌为主，诗歌类型有政治抒情诗和叙事诗。需了解"新民歌运动"的背景，理解胡风、艾青、流沙河、李季等人的诗歌创作特点。

③戏剧：这一时期出现了第四种剧本、社会主义教育剧、历史剧等剧本。当代戏剧的发展出现了两种倾向：一是倾向于话剧，音乐采用西方歌剧与中国传统戏曲的结合，如《白毛女》；二是完全倾向于西方歌剧，如《洪湖赤卫队》《刘三姐》《江姐》等。此外，还出现了重要剧作家老舍（《茶馆》）、田汉（《关汉卿》），需理解他们创作的特点及美学特征；了解中国当代戏剧中京剧现代戏对传统形式的变革。

④散文：这一时期通讯、报告得到了空前发展。报告文学体现出时代感、新闻性和歌颂性，以及与共产主义教育思想结合的特征。如刘白羽的《万炮震金门》、雷加的《三门峡截流记》、穆青《县委书记的好榜样——焦裕禄》、徐迟的《祁连山下》等。散文的代表作品有杨朔的《海市》、秦牧的《花城》、刘白羽的《红玛瑙集》、吴伯箫的《北极星》、峻青的《秋色赋》等。20世纪60年代初期杂文出现了短暂的繁荣，如杂文专栏《燕山夜话》（邓拓执笔）、《三家村札记》（邓拓、吴晗、廖沫沙主持）、《长短录》专栏（夏衍、吴晗、廖沫沙、孟超、唐弢撰稿）。这些杂文敢于触及社会中的一些矛盾，与歌颂性的散文形成了鲜明的对照。

（3）20世纪50年代至70年代的台港文学。

这一时期的台湾文学主要由台湾乡土文学、现代派文学、留学生文学组成。台湾文学中的流派、社团是60年代文学小说与诗歌中需要掌握的主要内容，通俗小说的兴起是台湾文学很重要的文学现象。掌握白先勇、余光中、陈映真、黄春明等人的创作特点。

香港文学以南来作家为主。50年代中期后，现代主义文学在香港兴起，通俗文学也开始勃兴，以武侠和言情小说为主，旁及历史小说、科幻小说和专栏杂文。需了解刘以鬯、侣伦、金庸等人的创作特点。

2. 第二阶段：20世纪80年代至90年代文学

（1）文学思潮、小说。

20世纪80年代至90年代是中国文学快速发展的时期，出现一系列文学论争，如文艺与政治的关系、关于现实主义的论争、文学主体性、重写文学史、90

年代文学转型、人文精神大讨论、女性主义文学思潮等。这些论争促进了文学的发展，先后出现一系列文学创作潮流：80年代主要有伤痕文学、反思文学、复出诗人的创作、改革文学、寻根文学、先锋小说、新写实小说、女性写作、现代主义文学等。出现一批优秀的作家，如刘心武、卢新华、路遥、李存葆、蒋子龙、柯云路、刘索拉、残雪、王蒙、陆文夫、高晓声、谌容、张贤亮、汪曾祺、莫言、马原等人。

90年代以来，后现代主义文学集中体现于先锋派小说和诗歌、戏剧中，如朦胧诗，王蒙等人的意识流小说，高行健、沙叶新的探索戏剧。另外，新现实主义小说、新历史小说、新生代小说、"河北三驾马车"（谈歌、何申、关仁山）等创作潮流促进了文学的多元化与小说创作的繁荣。代表性小说作家有：池莉、刘恒、贾平凹、陈忠实、余华、王朔、王小波、王安忆、陈染、史铁生、张炜、刘震云、谈歌、何申、关仁山、二月河、迟子建、铁凝、林白、朱文、何顿等。需了解不同流派的产生背景，理解其创作特征，赏析代表作家的作品。

（2）诗歌、戏剧、散文。

20世纪80年代至90年代的诗歌出现"新边塞诗""朦胧诗""第三代诗人"等诗歌流派，诗歌群体有"归来者"诗群、干预生活诗群、东海诗群、女性诗人群、网络诗群、"他们"诗人群。主要代表诗人有舒婷、北岛、杨炼、江河、海子、于坚、翟永明、欧阳江河等，需要理解主要诗歌流派的创作特征，掌握代表诗人的诗作鉴赏与分析。

20世纪80年代至90年代戏剧的创新主要体现在探索戏剧、小剧场戏剧上，代表作家有沙叶新、高行健，需要理解他们的创新点。

20世纪80年代散文有两大特征：一是对散文基本品格真实与真诚的追寻，以巴金的《随想录》为代表；二是创作主体对散文本体意识的自觉，注重散文的审美存在。90年代是散文的繁荣期，出现大散文、文化散文、学者散文、艺术散文等潮流，代表作家有余秋雨、孙犁、杨绛、汪曾祺等。

（3）台港文学。

台港文学主要有四大文学潮流和主题：乡土文学的延展；都市文学的繁盛；政治文学的勃兴；新女性主义文学的崛起。代表作家有李昂、张大春、西西、董桥、简媜、姚一苇、马森和张晓风。散文观念有了新的发展，出现了一些新的散文品种，如都市散文、生态散文、文化散文、女性散文等。

（4）现当代少数民族文学。

新中国成立后少数民族诗歌创作具有鲜明的社会主义性质。出现了两类作家的创作：一类是用汉语创作，如沙蕾（回族）、金剑啸（满族）；另一类是用母语创作，代表作家有嘎玛拉（蒙古族）、黎·穆塔里甫（维吾尔族）、阿合特·乌娄木吉（哈萨克族）等。

少数民族小说是20世纪上半叶发展起来的，代表作家有沈从文（苗族）、端木蕻良（满族）、老舍（满族）、舒群（满族）、关沫南（满族）、萧乾（蒙古族）等。20世纪50年代初至"文革"前，少数民族小说创作队伍规模初现，有著名蒙古族作家玛拉沁夫。新时期，少数民族作家队伍日益壮大，作品质量明显提高，少数民族文学迈进繁荣兴盛的新阶段，小说题材丰富，主体多元，艺术手法多样；代表作家有扎西达娃（藏族）、乌热尔图（鄂温克族）、阿来（藏族）、霍达（回族）、张承志（回族）等。

少数民族散文、戏剧成就不及小说。散文创作代表作家有沈从文、萧乾、华山（壮族）、那家伦（白族）等。戏剧创作代表作家有老舍、祖农·哈迪尔（维吾尔族）、乌·辛白（赫哲族）等。

3. 第三阶段：2000年以来的文学

21世纪以来，商品经济持续发展，大众文化、消费文化流行，文学创作市场化、文学商品化进程进一步加速，文学在市场经济的浪潮中发展。长篇小说创作数量井喷，文坛出现三大板块创作：以文学期刊为主导的传统型文学、以商业出版为依托的市场化文学（大众文学）、以网络媒介为平台的新媒体文学（网络文学）。主要特征如下：第一，传统精英写作沉稳推进。代表作家有贾平凹、王安忆、莫言、余华、刘震云、阎连科、苏童、格非、毕飞宇等。第二，"80后"文学集体爆发与写作转型。由新概念作文大赛推出韩寒、郭敬明、张悦然、李傻傻、春树等一批作家。第三，网络小说快速发展和类型化。代表作家有蔡智恒、安妮宝贝、江南等。第四，网络文学呈现出新媒体与新文学新形态结合的态势。

小说发展出现类型小说，即在思想主题和艺术特征方面具有某些共性或模式的小说，如武侠小说、言情小说、社会小说、历史小说、科幻小说，其中网络类型小说以玄幻、仙侠、言情等为主题，这些小说背对现实，倾向非常明显。随着网络时代的到来，文学创作出现产业化模式，如网络文学＋影视、网络文学＋游戏、网络文学＋动漫等。

2000年以来的通俗小说创作日渐多元，打工文学、底层写作、网络文学呈现出繁荣景象。其中，官场小说代表作家有王跃文、阎真；职场小说代表作家有王强、李可；军旅小说代表作家有都梁、石钟山、徐贵祥、麦家；生态小说代表作家有姜戎、杨志军、郭雪波等；婚恋小说代表作家有艾米等；公安法律小说代表作家有海岩；科幻小说代表作家有王晋康、刘慈欣。

2000 年以来散文创作呈现新媒体散文、学者散文、文化散文、报告文学、历史纪实类、非虚构写作等多种文体相融合的现象。底层诗歌、网络诗歌、商业戏剧、历史剧、小剧场戏剧等文学形态的兴起成为该时期主要的文学现象，文学创作呈现出多元化的新态势。

（五）学习本课程的方法

在学习方法上，需要通过阅读大量优秀的当代文学作品来增强对当代文学的感性认识。在此基础上，立足教材，学习文学史知识，进而由感性认识上升到对当代文学历史的理性把握。另外，由于当代文学史的特殊性，还要注意培养开放的文学史眼光以及对当下文学现象的分析能力。

要将文学史脉络梳理、文学理论知识学习、文学作品赏析结合起来，以文本细读为主，具有比较文学和跨学科的视野，回到文学创作的历史语境中，全面了解中国当代文学的特点。另外，鉴于我校开设有与中国当代文学相近的选修课程，建议本课程中有关通俗文学和台港文学部分作为选讲内容，少数民族文学部分不作为主要讲授内容，个别作家作品以比较探究的方式在阅读与教学中呈现。2000 年以来的网络文学建议以学生专题讨论或自学为主。

（六）推荐书目

1. 文学史、理论类

[1] 洪子诚：《中国当代文学史》，北京大学出版社，2010 年。

[2] 温儒敏、赵祖谟主编：《中国现当代文学专题研究》，北京大学出版社，2002 年。

[3] 朱栋霖主编：《中国现代文学作品选》（第四版），高等教育出版社，2020 年。

[4] 陈思和主编：《中国当代文学史教程》（第二版），复旦大学出版社，2008 年。

[5] 孟繁华、程光炜：《中国当代文学发展史》，人民文学出版社，2004 年。

[6] 朱寨编著：《中国当代文学思潮史》，人民文学出版社，1987 年。

[7] 洪子诚、孟繁华主编：《当代文学关键词》，广西师范大学出版社，2001 年。

[8] 王晓明编：《二十世纪中国文学史论（1～3 卷）》，东方出版社，1997 年。

[9] 陈晓明主编：《现代性与中国当代文学转型》，云南人民出版社，2003 年。

[10] 程光炜：《中国当代诗歌史》，中国人民大学出版社，2003年。

2. 作品类

柳青	《创业史》
杨沫	《青春之歌》
王蒙	《组织部来了个年轻人》《春之声》《蝴蝶》
赵树理	《小二黑结婚》《三里湾》《"锻炼锻炼"》
周立波	《山乡巨变》
茹志鹃	《百合花》《剪辑错了的故事》
吴强	《红日》
梁斌	《红旗谱》
罗广斌、杨益言	《红岩》
杜鹏程	《保卫延安》
孙犁	《风云初记》《铁木前传》
曲波	《林海雪原》
李准	《不能走那条路》《李双双小传》
马烽	《我的第一个上级》
萧也牧	《我们夫妇之间》
路翎	《洼地上的战疫》
邓友梅	《在悬崖上》
宗璞	《红豆》
胡风	《时间开始了》
流沙河	《草木篇》
郭小川	《望星空》
臧克家	《有的人》
郭小川	《望星空》
闻捷	《吐鲁番情歌》
贺敬之	《白毛女》《回延安》《桂林山水》
老舍	《茶馆》
田汉	《关汉卿》
杨朔	《荔枝蜜》《海市》
秦牧	《古战场春晓》《花城》《社稷坛抒情》
刘白羽	《长江三日》《日出》

冰心	《樱花赞》
吴伯箫	《北极星》
峻青	《秋色赋》
魏巍	《谁是最可爱的人》
赖和	《斗闹热》《一杆"秤仔"》
吴浊流	《先生妈》《亚细亚的孤儿》
杨逵	《鹅妈妈出嫁》
陈映真	《将军族》
黄春明	《儿子的大玩偶》
白先勇	《台北人》《纽约客》
刘以鬯	《酒徒》
黄谷柳	《虾球传》
余光中	《乡愁》《乡愁四韵》
刘心武	《班主任》
卢新华	《伤痕》
路遥	《人生》《平凡的世界》
李存葆	《高山下的花环》
张洁	《从森林里来的孩子》
周克芹	《许茂和他的女儿们》
古华	《芙蓉镇》
莫应丰	《将军吟》
从维熙	《大墙下的红玉兰》
张贤亮	《邢老汉和狗的故事》《男人的风格》《灵与肉》《绿化树》《男人的一半是女人》
高晓声	《李顺大造屋》
史铁生	《我的遥远的清平湾》《务虚笔记》
蒋子龙	《乔厂长上任记》
张洁	《沉重的翅膀》
李国文	《花园街五号》
谌容	《人到中年》
贾平凹	《鸡窝洼人家》《腊月·正月》《浮躁》《废都》《秦腔》《山本》《暂坐》

何士光	《乡场上》
汪曾祺	《受戒》
邓友梅	《那五》
韩少功	《爸爸爸》
陆文夫	《美食家》《小巷深处》
阿城	《棋王》《树王》《孩子王》
张承志	《黑骏马》《北方的河》
李杭育	《最后一个渔佬儿》
王安忆	《小鲍庄》《长恨歌》
苏童	《米》
马原	《冈底斯的诱惑》《虚构》
洪峰	《极地之侧》
余华	《现实一种》《活着》《许三观卖血记》《兄弟》《文城》
格非	《迷舟》《褐色鸟群》《人面桃花》《春尽江南》
孙甘露	《访问梦境》
莫言	《透明的红萝卜》《红高粱》《丰乳肥臀》《檀香刑》《生死疲劳》《蛙》
刘恒	《狗日的粮食》
池莉	《烦恼人生》
铁凝	《大浴女》《玫瑰门》《笨花》
刘震云	《塔铺》《单位》《一地鸡毛》《一句顶一万句》
毕飞宇	《青衣》《玉米》《推拿》
李洱	《花腔》《应物兄》
金宇澄	《繁花》
孟京辉	《恋爱的犀牛》
赖声川	《暗恋桃花源》
陈忠实	《白鹿原》
王朔	《顽主》《动物凶猛》
王小波	《黄金时代》《革命时期的爱情》
残雪	《山上的小屋》
陈染	《私人生活》《无处告别》

林白	《一个人的战争》
舒婷	《神女峰》《致橡树》《双桅船》
艾青	《光的赞歌》
曾卓	《悬崖边的树》
牛汉	《悼念一棵枫树》
顾城	《我是一个任性的孩子》《一代人》《远和近》
杨炼	《诺日朗》《敦煌》《半坡》《屈原》
海子	《亚洲铜》《春天，十个海子》
王家新	《帕斯捷尔纳克》
于坚	《尚义街六号》
韩东	《山民》《有关大雁塔》
翟永明	《女人》《静安庄》
巴金	《怀念萧珊》《随想录》
高行健	《绝对信号》《车站》《野人》
余秋雨	《文化苦旅》《山居笔记》
徐迟	《哥德巴赫猜想》
李昂	《杀夫》
张大春	《将军碑》
西西	《我城》《像我这样一个女子》
刘慈欣	《三体》
金庸	《笑傲江湖》
曹征路	《那儿》
陈应松	《马嘶岭血案》
刘庆邦	《神木》
韩寒	《三重门》
郭敬明	《幻城》《悲伤逆流成河》
张悦然	《水仙已乘鲤鱼去》
金子	《梦回大清》
桐华	《步步惊心》

十一、外国文学课程学习导论

（参见汉语言文学专业外国文学课程学习导论）

第三章

文学院毕业论文撰写指导

第一节　毕业论文指导大纲

一、毕业论文指导的意义

毕业论文写作是高校本科人才培养方案规定的一门必修的综合实践课程，是对学生学识、能力、专业水平的检验，是培养科研能力、提高学识水平的有效磨炼。毕业论文也是学生在校期间提交的最后一份书面作业。因此，做好毕业论文指导工作，具有十分重要的意义。从教师的角度而言，指导学生写好毕业论文，是教师对学生所做的最后一次执手训练。不少学生并不完全理解毕业论文写作的意义，甚至误以为这是学校强加给他们的额外负担，因此态度不端正，准备不充分，缺乏积极性。实践证明，在学生写作毕业论文的过程中，自始至终都需要教师的鼓励、帮助和指导。

毕业论文的指导过程既是教学相长的过程，也是教师检验教学效果、改进教学方法、提高教学质量的绝好时机。平时布置练习、批改作业以及考试测验等，固然是检查教学效果的重要手段，但那是零碎的。唯有毕业论文写作，才是对学生综合运用理论知识分析问题、解决问题能力的生动反映，也是教学效果的一次全面反馈。教师不仅可以从中发现学生存在的不足之处，帮助学生查漏补缺，完善知识结构和体系，还可以发现教学中存在的问题与不足，今后在如何改进教学上也就有了具体的目标。对教师来说，这正是指导学生写作毕业论文的一大收获。

毕业论文是学生留给学校的一份特殊的精神财富。学校可以用它来丰富教师的教学内容，启发教育后来的学生，还可以推荐给有关部门或报刊，以扩大影响。因此，指导学生写好毕业论文，对学生、教师、学校和社会，都具有重要而实际的意义。

二、毕业论文指导教师的任务

一般而言，毕业论文指导教师往往在承担常规教学工作的同时还指导学生论文写作，担负着双重的任务。学生毕业论文的成功与否，与教师指导的好坏关系重大。因此，指导教师必须以严肃、积极、负责、认真的态度做好指导工作。

（一）指导教师的基本指导任务

（1）教育和鼓励学生明确毕业论文写作的意义，排除各种困难和心理障碍，立志写出高质量的毕业论文。

（2）悉心指导学生完成毕业论文写作任务，做到立意新颖、内容充实、格式规范、文字畅达，并做好答辩准备。

（3）树立新鲜活泼、生动有力的良好文风。

（二）指导教师的具体指导任务

（1）审定论文题目。选择合适的毕业论文题目是学生写好毕业论文的关键环节。因此，指导教师要在学生专业兴趣的基础上，指导学生选好题目，反复审定学生确定的论文题目。

（2）指导学生撰写开题报告、制订论文撰写的具体进度计划，并定期检查学生的执行情况。

（3）指导学生收集和阅读有关参考材料，介绍必要的参考书目。要求学生围绕毕业论文的主题做好读书卡片或者读书摘要。

（4）指导学生开展社会调查（特别是语言学专业），收集第一手资料，做好调查材料的分类和研究，用社会调查得到的材料作为论据，摆事实，说道理，论证论文观点。

（5）指导学生拟定论文提纲，随时解答学生提出的疑难问题，指出提纲或初稿中存在的问题，并及时提出修改建议。一般而言，至少指导三次以上方能定稿。

（6）审阅论文，评定论文成绩，写出与成绩相应的评语，并指导论文答辩的方法和技巧。

三、论文选题与开题

论文选题既是毕业论文写作的基础，又是学生论文研究内容的集中体现。建构和完善毕业论文选题机制，对于高效完成这一严肃、严格和严谨的教学任务而言是十分必要的。通常来说，学生的毕业论文选题主要有教师直接确定选题、学生自主选题和在参考范围内选题三种模式。比如，在教师直接确定选题这一模式中，教师起着十分重要的引导作用，即在学生进行论文写作之前，教师需要将学生集中起来，从专业的角度出发为学生讲解选题内涵，然后让学生自主讨论，最后根据学生的学习能力、性格特点和专业兴趣，协助学生确定毕业论文选题。无论是哪一种毕业论文选题模式，都有其相对独立的选题流程。如果没有一套完善的毕业论文选题制度进行约束，就无法从根本上保障各个环节的有序开展。因此，毕业论文选题有着严格的要求与明确的范围。

（一）选题要求

（1）论文的选题一般限定在学生所学的专业范围内。如汉语言文学专业某同学的选题"论《论语》的孝观念"就不宜作为论题，因为该选题属于伦理学的范畴。

（2）要尽可能选择课程范围内自己熟悉的、感兴趣的课题。如汉语言文学专业某同学的选题"论《金锁记》中曹七巧的金钱观"，就是从自己熟悉的方向入手。

（3）要尽可能选择具有一定探索性和创新性的课题。如汉语言文学专业某同学的选题"论黑塞小说《荒原狼》中的自我寻找"显示出一定的创新色彩。

（4）要尽量考虑论文所要求的理论性和深刻性。如汉语言文学专业某同学的选题"《房思琪的初恋乐园》的创伤叙事研究"，就显示出一定的理论深度。

（5）选题宜小不宜大。要确保在规定时间内能够按要求完成，切忌选择内容空泛、大而无当的问题，即严格控制开口，找准切入点位，实行精准挖掘。如汉语言文学专业某同学的选题"论阎连科小说《受活》的乡土意识"，其"乡土意识"就是论文的"点位"。而汉语言文学专业某同学的选题"论 20 世纪 90 年代女性小说"，范围太大，该选题可以写成一部专著，不是一篇论文可以驾驭的。仅 20 世纪 90 年代女性小说的国内外概貌、主题、特征、意义、艺术成就、局限性等任一方面都可以写成一篇论文。

【指导建议】对于没有明确的专业兴趣的同学，可以先确定一个适当的选题（所谓"适当"是指符合选题要求），然后争取得到指导教师的认可与指导。论文选题的确定程序和方法是：首先在一个比较大的选题范围内筛选，尽可能广泛地浏览相关研究资料，虚心向他人请教，了解这一范围的研究状况，同时进行积极思考，然后从中选出一个合适的研究选题。确定选题的标志是形成了解决这个选题的设想。

（二）选题范围

汉语言文学专业和汉语国际教育专业的选题范围包括以下几个方面：中国古代文学、中国现当代文学、语言学理论、汉语言（现代汉语、古代汉语、对外汉语）、文学理论（文学的基本理论、中国古代文论、西方文论）、外国文学（尤其是 20 世纪外国文学）、比较文学、美学、中小学语文教育教学等。

（三）撰写开题报告

撰写开题报告是毕业论文工作的开始环节，其内容贯穿整个毕业论文写作流程。可以说，开题报告的质量好坏直接影响整个毕业论文撰写的成败。其具体内容包含：

1. 选题的意义和研究现状

（1）选题的目的、理论意义和现实意义。

【指导建议】"选题的目的"一定要明确；"理论意义"重在总结或发现；"选题的现实意义"一定要与当下的文学现实/文学现场（或场域）发生关联。

【案例1】汉语言文学专业某同学《试论刘心武〈钟鼓楼〉中的橘瓣式结构》选题的目的、理论意义和现实意义：

①选题的目的：本文试从长篇小说的结构类型及演变逻辑、刘心武文学创作历程的结构选择和新时期小说的结构美等几个方面，对刘心武《钟鼓楼》中的橘瓣式结构进行分析，以达到实现小说橘瓣式结构上文学创新价值的研究目的。②选题的理论意义：本文主要以文献研究法、文本分析法与综合分析法，对《钟鼓楼》中的橘瓣式结构进行研究，总结在多元的文化语境下新时期长篇小说结构发展的规律和橘瓣式结构的形态特点，具有研究文学创新下橘瓣式结构的技巧性与独创性的理论意义。③选题的现实意义：本文是以当代作家刘心武在结构上具有创新性的长篇小说《钟鼓楼》为研究对象，探讨该作品结构对当下长篇小说创作的学术研究价值与创作实践价值，呈现线性结构融入当代小说叙事的现实意义。

【案例2】汉语言文学专业某同学《性、暴力与爱情的熔炉——对〈房思琪的初恋乐园〉的文本分析》选题的目的、理论意义和现实意义：

①选题的目的：《房思琪的初恋乐园》是台湾女作家林奕含的一部带有自传色彩的长篇小说，通过对该文本的多视角解读分析，试图更加近距离地感受林奕含对待性、暴力与爱情的独特见解以及男性话语权下女性受害者的心理状态。②选题的理论意义：本文立足于作者与作品本身，主要是对文本中的"性""暴力""爱情"三个视角进行探讨分析，因此较少直接采纳、引用其他研究者的观点和成果。同时，通过将该文本与其他类似作品进行比较，试图从原有的基础上发掘出文本更深层的文学隐喻。③选题的现实意义：本研究注重文本中的施害者与受害者的心理分析，把人物置于当今的社会背景中，以更加有效地研究施害者、受害者双方的心理活动与变化，有利于读者以正确的态度理解文本中的施害者与受害者的关系，不再以单一视角去评价人物。

（2）与选题相关的国内外研究和发展概况。

【指导建议】首先让学生对1～3年内与论题相关的文献进行检索，然后指导学生写出简易的文献综述。如果检索出来的文献资料较多，可以挑选出3～5篇具有代表性、影响因子较高的学术论文进行概述。

【案例1】《性、暴力与爱情的熔炉——对〈房思琪的初恋乐园〉的文本分析》选题国内外研究和发展概况：

由于小说《房思琪的初恋乐园》出版不久，目前国内外的相关研究较少，并且以国内研究为主，主要研究论文有：

①研究《房思琪的初恋乐园》的文学隐喻性：《文学与事件——关于林奕含长篇小说〈房思琪的初恋乐园〉》（徐兆正）、《隐喻的文学，生命的书写——对〈房思琪的初恋乐园〉多视角的文本解读》（赵欣悦）。

②研究《房思琪的初恋乐园》的文学话语权：《有关"房思琪"的话语权斗争》（韩智浅）。

③研究《房思琪的初恋乐园》的非虚构暴力叙事：《非虚构暴力：〈房思琪的初恋乐园〉及其他》（何谦）。

④研究《房思琪的初恋乐园》的伦理道德观：《阅读〈房思琪的初恋乐园〉的三重原罪》（刘堃）。

【案例2】汉语言文学专业某同学《芥川龙之介〈地狱变〉小说中的"审丑"现象》选题的国内外相关研究及发展概况：

国内对芥川龙之介的研究颇多，但在"审丑"现象上所着笔墨并不多，比较有代表性的观点如下：

①鲁杰在《略论〈河童〉中的审丑艺术》中认为芥川龙之介似乎更着力于以平庸、丑陋的事物表现凝重的感受，用粗浅的笔致来开掘沉重的主题。苦难的人生经历、深厚的文化素养和深邃精辟的思想成就了他的痛定思痛，也成就了他的美。

②张石在《在"罪与丑"中提炼艺术力量》中认为，《地狱变》通过对主人公良秀的塑造，表现了作者以艺术反抗现实的斗争精神，充分地体现了作者在美学上的一种探索——在"罪与丑"中提炼艺术力量。

总之，对芥川龙之介作品审丑现象的系统研究还不多，尚有较大研究空间。

国外相关研究及发展概况：

①卡尔·罗森克兰茨在他的《丑的美学》一书中，认为丑作为艺术的一个表现对象不在美的范畴之内，不再是美的附属或化丑为美的材料，同时肯定"丑，无论到底会是什么，在实际或潜在意义上均被认为是艺术的一个契机"。

②翁贝托·艾柯在《丑的历史》一书中，以独特的见解，深度剖析世人对丑的成见，颠覆了传统的审美观。书中讨论了丑是什么、丑是美的反面和丑的范畴等问题，深层次地剖析了人们对丑的态度，颠覆了传统美学观念，从而成为一部异彩纷呈的"审丑"观念史。

总之，国外关于审丑的理论研究较为透彻，但涉及芥川龙之介的审丑研究较为稀缺，有较大的研究空间。

2. 研究方案

（1）研究的基本内容及预期的结果（大纲）。

【指导建议1】论文研究的基本内容一般包括研究对象（文本）、研究问题（可以具体到"点位"）和研究方法等。

【案例1】汉语言文学专业某同学的《"五四"知识女性思想觉醒后的精神困境——以〈海滨故人〉为例》论文研究的基本内容：

本论文主要以《海滨故人》为研究对象，通过解读书中"五四"知识女性的精神困境，结合"五四"政治与文化背景，分析现代女性解放运动的现实并提出新的观点，以此论证《海滨故人》的时代超越性。

【案例2】汉语言文学专业某同学的《论古希腊神话中俄狄浦斯的悲剧形象》论文研究的基本内容：

本文主要是以古希腊神话中的俄狄浦斯为研究对象，分析故事情节和主角的形象，运用文献研究、因果分析等方法研究神话中的俄狄浦斯这一形象，并借鉴国内外相关研究，更深层次地研究俄狄浦斯悲剧形成的主要因素。

【指导建议2】论文预期的结果（大纲）是开题报告的重中之重，它是考查毕业生专业知识、思维方式和逻辑能力的综合测试。师生须在此处下足功夫。在撰写大纲之前，学生可以下载电子版《形式逻辑》（金岳霖）一书，补习人文学科的逻辑知识。论文大纲一定要逻辑严密，呈现多元思维（拒绝二元对立），保持结构（包括对称与不对称）平衡，彰显理性，形成学术品格，显现学术美感。

【案例1】汉语言文学专业某同学《论莫言〈蛙〉的多元话语体系》的论文大纲（对称结构）：

引言

一、《蛙》的传统话语体系

　　1. "母亲"的传统话语特色

　　2. "陈鼻"的传统话语特色

　　3. "母亲"与"陈鼻"传统话语的异同

二、《蛙》的政治话语体系

　　1. "姑姑"的政治话语特色

　　2. "我"的政治话语特色

　　3. "姑姑"和"我"政治话语的异同

三、《蛙》的现代话语体系

　　1. "袁腮"的现代话语特色

　　2. "陈眉"的现代话语特色

　　3. "袁腮"与"陈眉"现代话语的异同

四、《蛙》的多元话语的启示

　　1. 叙述视角的自由变化

　　2. 主题思想处理的限度

结语

注释

参考文献

致谢

【案例2】汉语言文学专业某同学《凌淑华小说的存在主义解读——以〈绣枕〉〈酒后〉为例》的论文大纲（不对称结构）：

引言

一、个体的荒诞性体验

　　（一）异化

　　（二）选择

二、"他人即地狱"

　　（一）沉落

　　（二）恐惧

三、"东方式观照"

　　（一）存在的悲剧性

　　（二）悲剧性的存在

结语

注释

参考文献

致谢

（2）拟采用的研究方法。

【指导建议】文学研究方法论是文学研究的思维方式、参照准则、切入视角、研究手段的总称。从理论层面讲，文学研究方法非常丰富，常用的研究方法有：社会历史研究法（社会历史背景）、传记研究法、象征研究法、精神分析研究法、原型研究法（文学与神话传说、文学母题）、符号研究法（情感与形式）、形式研究法（语言修辞、文学性、陌生化）、现象学研究法、阐释学研究法、接受美学研究法、英美新批评研究法（细读）、结构主义研究法、解构主义研究法、后殖民主义研究法、女权主义研究法等。从技术层面而言，可操作的研究方法有：阅读法、文献研究法、文本细读法、比较研究法、社会历史研究（分析）法、个案研究法、定性分析法、描述性研究法、综合分析法等。

①文献研究法：文献研究法主要指搜集、鉴别、整理文献，并通过对文献的研究形成对事实的科学认识的方法，是一种古老而又富有生命力的科学研究方法。文献研究法的一般过程包括五个基本环节：提出课题或假设、研究设计、搜集文献、整理文献和进行文献综述。提出课题或假设是指依据现有的理论、事实和需要，对有关文献进行分析整理或重新归类研究的构思。研究设计首先要建立研究目标，研究目标是指使用可操作的定义方式，将课题或假设的内容设计成具体的、可操作的、可重复的文献研究活动，它能解决专门的问题并具有一定的意义。后三个环节即通过查阅、分析、整理，收集与本研究相关的文献，在已有研究成果的基础上，提炼出自己的主要观点，选定研究的角度和撰写的内容。

②文本细读法：文本细读是英美新批评的术语。燕卜荪1930年出版的《含混的七种类型》一书，被认为是典型的"文本细读"之作。其基本内容就是"对诗歌进行分析性的细读"。所以布鲁克斯说，燕卜荪式批评的要义，就在于"批评要在诗作为诗的结构中处理诗的意蕴"；而以往的批评则倾向于"用散文的方式寻找诗的'善'和'真'，使诗成为哲学或者科学"。在布鲁克斯看来，燕卜荪的批评是要告诉人们：诗歌的隐喻承担着"功能性"而不是"修饰性"的作用（functional not decorative role），诗歌的韵律和词句"也都成为诗歌展示意义的积极力量"。即通过反复精读，逐渐从文本的表层意义进入文本的深层意义，从而发现那些不能为泛读（一般性阅读）所把握的深刻含义。

③比较研究法：比较研究法就是对物与物之间和人与人之间的相似性或相异程度进行研究与判断的方法。比较研究法可以理解为根据一定的标准，对两个或两个以上有联系的事物进行考察，寻找其异同，探求普遍规律与特殊规律的方法。在文学批评中，通过对不同作品的异同进行比较，得出结论，以达到对作品更深层次的认识并做出正确的评价。

【案例】汉语言文学专业某同学《文明哀歌的反思——论戈尔丁〈蝇王〉人性之恶与救赎》开题报告中采用的研究方法：

第一，文献研究法。查阅相关书籍文献，阅读了解《蝇王》及其相关资料信息。主要通过中国知网搜索相关研究资料，并对其进行研读，充分吸收相关研究成果，在已有的研究成果上结合自己的研究心得完成论文写作。

第二，社会历史研究（分析）法。联系《蝇王》作者的生平经历，结合《蝇王》的创作背景，探讨时代、社会与作者及《蝇王》的关系，运用社会历史研究法阐述《蝇王》主题思想，探讨人性与文明的救赎之道。

第三，文本细读法。对《蝇王》进行文本细读，深入探讨文本中的人物形象、故事情节、结局安排等方面，分析评判作品中的情景态势及人物得失，深入阐述论题内容。

四、研究进度安排、资料收集及参考文献

（一）研究进度安排

【指导建议】根据学校教务处有关毕业论文的文件精神与具体安排，时间上做好规划，尽量紧凑，可以适当提前。

【案例1】某同学毕业论文开题报告中的进度安排：

第一阶段：2020年11月15日—12月18日，撰写开题报告。

第二阶段：2020年12月19日—12月25日，提交开题报告给指导教师审阅并修改。

第三阶段：2020年12月26日—2021年3月6日，搜集资料、撰写毕业论文初稿并提交。

第四阶段：2021年3月7日—4月11日，修改论文二稿、三稿直至定稿。

第五阶段：2021年4月12日，完成毕业论文重复率检测。

【案例2】某同学毕业论文开题报告中的进度安排：

1. 资料搜集、研读与思路整理：2019年11月至12月。

2. 论文大纲最终确定：2020年1月7日至9日（3天）。

3. 论文前言、目录撰写：2020年1月10日至12日（3天），拟500~1000字。

4. 论文第一部分撰写：2020 年 1 月 13 日至 19 日（7 天），拟 1500~2000 字。

5. 论文第二部分撰写：2020 年 2 月 3 日至 9 日（7 天），拟 1500~2000 字。

6. 论文第三部分撰写：2020 年 2 月 10 日至 16 日（7 天），拟 1500~2000 字。

7. 论文小结、参考文献和致谢撰写：2020 年 2 月 17 日至 23 日（7 天），拟 500~1000 字。

8. 完成论文初稿并进行初步修改：2020 年 2 月 24 日—3 月 1 日（7 天）。

9. 定初稿并在老师指导下再次修改：2020 年 3 月 3 日至 4 月 11 日。

10. 撰写摘要，提交论文定稿：2020 年 4 月 12 日。

11. 答辩准备：2020 年 4 月 13 日到 5 月 8 日。

12. 完成答辩：2020 年 5 月 9 日。

（二）资料收集及参考文献

【指导建议】学生应在选题阶段广泛阅读浏览的基础上收集资料，在指导教师的帮助下确定好重点阅读资料，精心研读。收集资料时要根据资料的性质、特点和重要程度采用摘录、提要、撰写心得札记、复印、网上下载等形式随时记录下来，这一过程也是对选题进行积极思考的过程。这个过程结束，学生基本上可以形成解决选题的思路，懂得怎样运用材料，写出论文提纲并经指导教师审阅认可。如果指导教师对提纲提出修改意见，学生要认真修改后方可进入下一环节。论文提纲的内容大致包括：题目、论点、论述思路的逻辑架构等。主要论据（资料）提纲应分条列项并尽可能详细。论文提纲的详细程度反映思路的成熟程度。确定选题、收集资料和撰写提纲是毕业论文写作中起始阶段最关键的三个环节。只要确定一个好的选题并获取充足的资料，列出大纲，在此基础上写成一篇论文就是水到渠成之事，不要误以为写作成稿才是最主要的过程。

参考文献是指作者所收集到的对本文的论述有重要参考价值并足以支撑本文论述的资料，一般不少于 8 条。常用类型及要素如下：

①专著类：序号、作者、书名、文献类型标识代码（[M]）、出版城市、出版单位、出版年份。

②期刊类：序号、作者、篇名、文献类型标识代码（[J]）、刊名、出版年份和期号。

③报纸类：序号、作者、篇名、文献类型标识代码（[N]）、报纸名、出版日期（版次）。

④学位论文类：序号、作者、篇名、文献类型标识代码（[D]）、学位授予地址、学位授予单位、年份。

⑤会议论文集类：序号、编者、论文集名、文献类型标识代码（[C]）、出版城市、出版单位、出版年、起止页码。

⑥电子资源类：序号、作者、篇名、文献类型标识代码（[EB/OL]）、发表时间、网址。

定稿的论文要求打印装订。详见《毕业论文格式撰写规范》。

【案例】某同学毕业论文开题报告中的参考文献：

1. 专著类

[1] 沈从文. 边城 [M]. 北京：人民文学出版社，2017.

[2] 沈从文. 湘行散记 [M]. 北京：人民文学出版社，2017.

[3] 沈从文. 长河集 [M]. 长沙：岳麓书社，1992.

[4] 凌宇. 沈从文正传 [M]. 南京：江苏文艺出版社，2010.

[5] 凌宇. 从边城走向世界 [M]. 北京：生活·读书·新知三联书店，1985.

[6] 金介甫. 沈从文传 [M]. 北京：国际文化出版公司，2010.

[7] 荣格. 分析心理学的理论与实践 [M]. 北京：生活·读书·新知三联书店，1991.

2. 期刊类

[1] 冯德辉，阳昌铁. 孤独的守望者：《边城》"白塔"意象解读 [J]. 安徽文学（下半月），2009（4）：186-187.

[2] 姚敏敏.《边城》作品中象征物象的分析 [J]. 金田，2013（6）：66.

[3] 张映晖. 悲伤之塔：对沈从文《边城》的另一种解读 [J]. 海南师范大学学报（社会科学版），2013（3）：37-38.

[4] 凌宇. 沈从文小说的倾向性和艺术特色 [J]. 中国现代文学丛刊，1980（3）：141-168.

[5] 凌宇. 沈从文谈自己的创作：对一些有关问题的回答 [J]. 中国现代文学丛刊，1980（4）：315-320.

[6] 凌宇. 沈从文研究的回顾与前瞻 [J]. 中国现代文学研究丛刊，1995（2）：110-135.

[7] 凌宇. 沈从文的生命观与西方现代心理学 [J]. 南京大学学报（哲学·

人文科学·社会科学版），2002（2）：30 – 36.

[8] 凌宇. 沈从文创作的思想价值论：写在沈从文百年诞辰之际 [J]. 文学评论，2002（6）：5 – 17.

[9] 凌宇. 从苗汉文化和中西文化的撞击看沈从文 [J]. 文艺研究，1986（2）：64 – 72.

[10] 赵园. 沈从文构筑的"湘西世界" [J]. 文学评论，1986（6）：50 – 66.

[11] 杨联芬. 沈从文的"反现代性"：沈从文研究 [J]. 中国现代文学研究丛刊，2003（2）：133 – 150.

[12] 刘洪涛. 《边城》与牧歌情调 [J]. 中国现代文学丛刊，2001（1）：72 – 93.

[13] 刘洪涛. 《边城》：牧歌与中国形象 [J]. 文学评论，2002（1）：70 – 77.

[14] 王晓明. "乡下人"的文体和城里人的理想：论沈从文的小说创作 [J]. 文学评论，1988（3）：45 – 58.

3. 学位论文类

[1] 凡平. 异域知己：金介甫的沈从文研究述论——以《沈从文传》为中心 [D]. 郑州：郑州大学，2007.

[2] 蔡颖华. 沈从文文学经典化研究 [D]. 福州：福建师范大学，2011.

五、论文撰写与修改

（一）论文撰写

1. 摘要（建议 200 字左右）

【指导建议】论文摘要又称概要、内容提要。摘要是文章主要观点的概述，是以提供文献内容梗概为目的，不加评论和补充解释，简明、确切地记述文献重要内容的短文。摘要应具有独立性和自明性，并且拥有与文献同等量的主要信息，即不阅读全文，就能获得必要的信息。摘要不容赘言，故需逐字推敲。内容必须完整、具体，使人一目了然。摘要字数宜控制在 200 字左右，最多不超过 300 字。不要分段，也不要分条列项。摘要的撰写必须在论文完成之后进行。英文摘要虽以中文摘要为基础，但要考虑到非汉语读者的需求，实质性的内容不能遗漏。

【**案例1**】汉语言文学专业某同学《论海明威的现代悲剧意识——以〈太阳照常升起〉为例》的摘要：

海明威的长篇小说《太阳照常升起》体现了他的现代悲剧意识，这种悲剧意识表现在对"一战"的深刻反思上。作者通过男女主人公"一战"期间在事业、爱情和身心方面的痛苦遭遇，鲜明地体现了作者的现代悲剧意识和反战思想。海明威的悲剧意识中包含了人生虚无的思想，这是"迷惘的一代"的精神产物。海明威把悲剧意识和审美艺术结合起来，肯定人生追求，这是他的成功之道。（171字）

【**案例2**】汉语言文学专业某同学《试论刘心武〈钟鼓楼〉中的橘瓣式结构》的摘要：

刘心武的代表作《钟鼓楼》是一部以中国城市为背景的都市长篇小说，其"橘瓣式"结构在小说创作上引起极大关注。小说以钟鼓楼一带四合院的九户小市民为叙述对象，截取了历史与当下两个时间维度，以小空间纵观大格局。本论文试图从作者的创意与整体架构进行分析，论述"橘瓣式"结构在小说文本、技巧和形态上的突破，并结合传统小说线性结构的现代转变，研究"橘瓣式"结构在新时期中所呈现的个性化特征。（187字）

【**案例3**】汉语言文学专业某同学《论〈猫城记〉的陌生化创作》的摘要：

《猫城记》是现代著名作家老舍先生的优秀作品。它借"我"在猫国的所见所闻，揭露现实中社会的病态。本文根据俄国形式主义大师什克洛夫斯基提出的陌生化理论，从《猫城记》的文体、人物形象和语言三方面进行分析，阐述《猫城记》文体选取和陌生化处理手法，感受异化人物独有的精神气质，探讨语言意象的可感性和语言组合的超常性，进而体会陌生化语言的魅力。（166字）

2. 关键词（建议3~5个）

【**指导建议**】在论文写作中，关键词的设定是其中的一个环节，虽说不是重中之重，但同样不可忽视。怎样写好关键词呢？

（1）根据论文的标题提取关键词。事实上，论文的标题不仅说明了本文所要表达的内容，更表达了文章的核心思想。论文的作用是解决实际问题，因此具有功能性，而关键词更是读者搜索的重要依据，因此，关键词的设定可以从论文的标题中提取，如"机械发展的预测"，可以提取"机械发展"。

（2）根据论文的主题来提炼关键词。论文的主题也是论文要论证的东西、研究的方向，这个方向就是关键所在。因此，无论是论据还是假设，以及最终得出的结论，都可以从中提取出关键词。

（3）关键词可以选取 3~5 个，并且排在"摘要"的下方。为了满足文献标引或检索工作的需要而从论文中选取出的词或词组，一般要求具有一定的规范；在相关文献没有收录的词汇，一般不要选取。此外，关键词的数量一般为 3~5 个，不必太多，否则没有重点。

（4）关键词应该根据关键程度来选取，而且最好不要过于集中。因为论文字数多，信息量大，相关的内容也比较多，一篇论文中通常有很多个关键词，因此关键词的选取并不容易。这时，我们可以对其关键程度进行大致排序，选择最关键的词汇。

【案例1】汉语言文学专业某同学《论曹文轩小说中的人文悲悯情怀——以〈草房子〉为例》的关键词：

悲悯情怀；人性；苦难；诗性（4个）

【案例2】汉语言文学专业某同学《论〈妻妾成群〉中的颂莲形象》的关键词：

颂莲；男权依附；悲剧；女性；自我意识（5个）

3. 引言（建议 500 字左右）

【指导建议】正文是论文的主体，一般包括引言、本论和结论三部分。"引言"又称"绪论"，也称"导言（语）""序言（论）""前言"等，毕业论文多用"引言"或"导言（语）"。引言有什么作用？通俗地讲，"引言"就是论文的开场白，一般是一段或数段短文。目的是向读者说明作者为什么选择该题目进行研究，对正文起到提纲挈领和引导阅读兴趣的作用。论文的引言要涵盖如下几点：本论文的研究背景是什么？本论文要说明什么问题？本论文有哪些新的发现和学术价值？读者能否对论文产生兴趣，很大程度上取决于引言质量的高低。

论文引言的写法多为开门见山，不绕圈子；言简意赅，突出重点；内容要紧扣文章标题，不要与摘要雷同；篇幅不要太长，500 字左右即可，最多不超过1000 字。

另外，要注意"摘要"与"引言"的区别：简单地说，摘要是对文章内容（主要观点）的简明扼要的阐述，不加评论和解释，引言是引出话题的前语。

引言的一般内容有：

①介绍某研究领域的背景、意义、发展状况和目前的水平等。

②对相关领域的文献进行综述，包括前人的研究成果、已经解决的问题，再适当加以评价或比较。

③指出前人尚未解决的问题，提出新思路与新方法，引出自己论题的研究动机与意义。

④说明自己研究课题的目的。

⑤概括论文的主要内容或勾勒论文的轮廓，或提出自己的学术观点（即论文的中心论点）。

以上五个方面的内容并非在引言中都要体现，可根据需要而定，一般第 2、3、4 点较为常见。

【案例 1】汉语言文学专业某同学《论〈妻妾成群〉中的颂莲形象》的引言：

苏童的《妻妾成群》是以女性视角写的新历史主义小说。作品叙述了女大学生颂莲因家道中落自愿嫁入旧家庭做妾，最终精神崩溃的故事。许多学者已从不同角度对作品进行了研究：在女性形象上，凌小娟、胡一慈的《〈金锁记〉中曹七巧和〈妻妾成群〉中颂莲的形象分析》，以人物的命运沉浮作为出发点进行分析，将女性的悲剧归结于拜金主义和封建礼教制度；在意象上，廖山瑶的《从〈妻妾成群〉中"井"的意象看女性命运的选择》，以"井"意象作为隐喻，揭示在颓废、阴郁的环境中女性的生存状态；在理论上，张小芳的《以弗洛伊德精神分析法解读〈妻妾成群〉》，剖析女性悲剧所隐藏的无意识动因。这些研究大部分运用叙事理论、空间理论和精神分析法解读该文本。但采用女性主义理论对颂莲这一形象进行分析尚且较少。因此，本文运用女性主义理论对颂莲的人物形象展开分析。首先在人情世故上，分析颂莲刚入府时的天真与善良；其次在男权主义的依附上，从颂莲由抗争到妥协的过程分析造成颂莲悲剧的原因；最后重点研究颂莲的"新"形象，分析文本呈现的新身份、新行为和新思想，挖掘导致颂莲新女性形象

倒退的深层原因，从而深究"新人"落败于"旧人"的根源。（485字）

【案例2】汉语言文学专业某同学《沈从文〈边城〉中的"白塔"意象》的引言部分：

中篇小说《边城》是沈从文的代表作。他用笔及自己的一生构筑出浪漫的"湘西世界"，然而当时他笔下的"湘西"是不与主流文化占同等地位的边缘文化。边城是指"湘西"同时也是指他自己。一方面，他用"白塔"原型意象，构筑自己的"湘西世界"；另一方面，他试图通过"白塔"意象，唤起中国乡下人的灵魂，进而实现中华民族人格的重构。

对于沈从文《边城》的研究，过去主要集中在对文本的田园牧歌说和悲剧命运说两个方面。近些年研究者开拓了新视角，运用文化批评方法对《边城》的原型意象进行解读。从神话原型、民俗原型和集体无意识等文化批评角度去分析。研究者多对"水原型""等待""渡船"等意象进行解读，而对于"白塔"这个意象的研究还比较缺乏，因此对于"白塔"意象的进一步研究有其现实意义。

本论文紧扣《边城》文本，运用荣格的原型批评理论从文化批评的角度去分析"白塔"对于《边城》的主题内涵和象征意义。"白塔"是湘西人民精神与命运的守望者，它的倒塌，预示着随着现代文明的入侵，传统民情民俗的日益瓦解与崩溃。对于白塔意象的研究，不但有助于我们理清沈从文的文学创作脉络及其价值，而且有助于宏观理解沈从文的思想，对二十世纪四十年代中国文坛和历史状况的认知有着不可忽视的参考价值。（517字）

4. 本论（建议7000字以上）

【指导建议1】本论是论文的主体，也是核心部分，一般包括论点、论据、论证过程和结论。要分层次撰写，即提出问题——论点；分析问题——论据和论证；解决问题——论证方法与步骤；得出结论。建议采用"三段论"演绎推理的论证模式撰写，也就是论题与三个一级标题形成中心论点与分论点的论证关系，三个一级标题又与所属论证部分的三个二级标题形成论点与分论点的论证关系。根据需要，三个二级标题还可与三个三级标题形成论点与分论点的论证关系，从而在整体上形成相互论证的严密的逻辑关系。

【案例1】汉语言文学专业某同学《试论刘心武〈钟鼓楼〉中的橘瓣式结构》论证的逻辑关系：

试论刘心武《钟鼓楼》中的橘瓣式结构（论题）

第一个一级标题："橘瓣式"结构在文本上的突破

第二个一级标题："橘瓣式"结构在技巧上的突破

第三个一级标题："橘瓣式"结构在形态上的突破

（论题与三个并列的一级标题形成逻辑关系）

第一个一级标题："橘瓣式"结构在文本上的突破

第一个二级标题：人物关系松散化

第二个二级标题：情节安排平淡化

第三个二级标题：层次拼接立体化

（第一个一级标题与三个并列的二级标题形成逻辑关系）

第二个一级标题："橘瓣式"结构在技巧上的突破

第一个二级标题：命运感的内置

第二个二级标题：时空轴的交叠

第三个二级标题：两代人的转变

（第二个一级标题与三个并列的二级标题形成逻辑关系）

第三个一级标题："橘瓣式"结构在形态上的突破

第一个二级标题：市井小说空间叙述的发展

第二个二级标题：现代小说艺术观念的更新

第三个二级标题：长篇小说结构类型的演变

（第三个一级标题与三个并列的二级标题形成逻辑关系）

【案例2】汉语言文学专业某同学《论莫言〈蛙〉的多元话语体系》论证的逻辑关系（仅选取第二部分）：

论莫言《蛙》的多元话语体系（论题）

二、莫言《蛙》的多元话语分析

（一）传统话语

1. 代表人物——陈鼻

2. 对话语境设置

3. 话语层建构意义

（二）政治话语

1. 代表人物——姑姑

2. 对话语境设置

3. 话语层建构意义

（三）现代话语

1. 代表人物——牛蛙公司

2. 对话语境设置

3. 话语层建构意义

（论题与一级标题、一级标题与二级标题、二级标题与三级标题互相形成逻辑关系）

【指导建议2】凡是论点，无论大小、主次，都应该以主题句的形式出现。论文不是学术性散文，而是逻辑严密的论述性文章，有论点，有论据，有结论，才能完整地体现论证的全过程。整篇论文如此，由每个论证段落构成的论证环节更是如此。

【案例1】汉语言文学专业某同学《张爱玲〈金锁记〉中的女性形象分析》本论的第二部分：

（二）软弱自卑的牺牲女性——长安（二级标题）

在封建文化的背景下，旧时代女性深受封建家长制的毒害。（主题句）封建家长制就是一种思想专制，它要求家庭的所有成员都要服从家长的命令，不管此命令是否正确。旧时代女性生活在以家庭为中心的环境下，所以女性们一直深受封建家长制的影响，她们几乎都是没有主体权的，最后在封建家长制的压制中消耗自己的生命。《金锁记》中所描绘的姜长安就是一个典型例子，她是母亲七巧所建立的封建家长制中的一个牺牲品。

长安身上背负的家庭包袱让她养成了软弱的性格。（主题句）长安是在母亲七巧的打压教育下成长的，从小就被限制与男性交往，还被灌输一些错误的两性观、唯金钱论和落后的思想观念。例如，母亲在长安与表哥的一次打闹中非常生气，她推倒长安、轰走表哥。母亲之后找长安谈话说："男人……碰都碰不得！谁不想你的钱？"在谈话过程中有这样一个细节：长安因为害怕被母亲打而只敢靠边挨着站，从这可以看出长安是很害怕母亲的。虽然这场打闹只是一个误会，但性格软弱的长安并没有勇气说出真相，只是垂着脑袋顺从地应好。此外，母亲七巧还不顾外人的阻拦执意给长安裹了小脚。尽管在当时已经不兴裹小脚了，就连家里的下人也不缠脚了，但是懦弱的长安不敢违背母亲的命令，她只能忍受母亲的无理要求，最后导致自己的脚无法恢复正常。从这两件小事可看出，长安是一个性格软弱的女子，她宁愿选择隐忍妥协也不敢反抗母亲所提的无理要求。

隐忍妥协也造成了长安自卑的性格特征。（主题句）上学堂期间，长安由于经常丢东西而被母亲大骂"天生的败家精"。后来，因为长安丢了一条褥单，母亲决定去学校兴师问罪。长安知道自己无法阻止母亲的做法，经过一晚的内心挣扎后，她再一次选择了妥协，决定放弃念书。但长安的退让并没有成功阻止母亲去学校讨债，这件事导致了长安心理的自卑。她觉得母亲去学堂大闹让自己没面子，她害怕同学们会看不起自己，就连在街上遇见了同学也躲着她们。自卑的长安和同学断了联系，从此失去了友好的伙伴。这还不够，母亲七巧还让长安染上了鸦片，当长安终于找到自己心仪的对象童世舫时，因吸食鸦片而自卑的长安决定戒食鸦片。但没想到母亲背着她约童世舫见面，并将她吸食鸦片的消息透露给童世舫以阻止两人的交往。自卑的长安从此和童世舫中断了所有联系，结束了自己的爱情。

（以上为该二级标题的本论部分）

总之，长安是一个软弱自卑的女子，她的性格特点酿成了她的悲剧。（主题句）从被限制与表哥交往到裹脚再到弃学和放弃爱情，处处都反映了她软弱自卑的性格特点。因为软弱自卑的性格，长安失去了学习知识的机会、失去了友情和爱情，最后在孤独落寞中虚耗了自己的人生。

（以上为该二级标题的结论部分）

【案例2】汉语言文学专业某同学《论〈红高粱家族〉中"我奶奶"的人物形象》本论的第一部分：

二、"我奶奶"的形象（一级标题）

在《红高粱家族》中，"我奶奶"为了追求自由的爱情和过自己想要的生活，毫不犹豫地去努力冲破封建思想的桎梏，释放她的天性。遇到不公平的事，

"我奶奶"会奋起反抗维护权利；面对危险时，"我奶奶"会急中生智保护自己；当国家陷于危难之际，"我奶奶"会团结他人保家卫国。

（以上为该一级标题总的绪论，即引言）

（一）富有反抗意识的独立女性（二级标题）

"我奶奶"生活在一个旧社会向新社会过渡的时代。她在生存还是毁灭的夹缝中，在情爱正义和禁欲邪恶的斗争中毅然决然地迈出了自己前进的脚步。她没有安于现状，而是一直在为解放人性和夺回人本身应有的权利奋勇拼搏，为极力争取自己的自由向命运抗争。

（以上为该二级标题部分的绪论，即引言）

"我奶奶"竭力反抗不幸婚姻。（主题句）"我奶奶"年轻时同大多数女子一样，渴望和如意郎君共度一生。但命运不公，她的父母贪图彩礼，将当时未满十六周岁的她嫁给了高密东北乡财主单廷秀丑陋无比且身患麻风病的儿子单扁郎。"我奶奶"无法接受这个名义上的夫君，新婚三天，她始终拿着剪刀保护自己，使单扁郎不敢靠近她。后来她和余占鳌相爱，并和这个男人一起亲手葬送了那段残缺的婚姻。

"我奶奶"奋力反抗封建礼教。（主题句）裹着小脚，被"女子无才便是德"的思想束缚的"我奶奶"饱受封建礼教的迫害。也许她最开始不知道自己想要什么样的人生，直到被迫出嫁，她才明白，自己要用切身行动来反抗封建礼教。于是已为人妻的她，蔑视封建礼法，释放自己的情欲，和余占鳌在高粱地里野合。她敢于追寻自己想要的爱情，并用自己的贞洁向压迫她的封建礼教做出强烈的反击。

"我奶奶"努力反抗封建父权。（主题句）"我奶奶"的爹一心钻到钱眼里，不顾女儿的死活。她悲痛欲绝，对自己的父亲奋起反抗。她主动断绝父女关系，把亲爹赶出门外，还认了曹县长为爹。这个做法在当时可以说是大逆不道，但"我奶奶"毫不畏惧人们对她的风言风语，也不在乎世俗眼光。她成功反抗了父权，摆脱了父权对她的束缚，并遵从自己的内心活出了自我。

（以上为该二级标题部分的本论）

在那个封建思想浓厚的时代，"我奶奶"反抗了不公的婚姻、封建礼教以及封建父权。她渴望做一个独立自主的女性，并在这个满是束缚的世界中，勇敢地追求所爱，寻找光明。

（以上为该二级标题部分的结论）

【指导建议3】本论的论证段落构成形式多为论点（主题句）＋展开论述（运用理论和研究方法进行阐释）＋举例（必须用概述性语言，一般举两个例子，以避免孤证）＋结论（多为1~2句话）。

【案例1】汉语言文学专业某同学《张爱玲〈金锁记〉中的女性形象分析》本论部分的论证段落：

曹七巧畸形异化的人生悲剧从她失败的婚姻拉开了帷幕。（主题句）一个身体残疾的人给不了七巧想要的爱和性，空虚与寂寞夹杂在她身边，于是曹七巧将情感转移到丈夫的弟弟姜季泽身上，但她同样也得不到回应。（展开论述）曹七巧所嫁之人并非自愿的，加上丈夫是个残疾没有生气的人，所以她对丈夫更没有一点喜爱，甚至对他有厌恶埋怨之情。她对季泽抱怨道："你碰过他的肉没有？是软的、重的，就像人的脚有时发了麻，摸上去那感觉……"随后又哀怨道："天哪，你没挨着他的肉，你不知道没病的身子是多好的……多好的……"（举例）七巧的爱欲得不到满足，这为她性格扭曲异化的演变开启了一扇大门。（结论）

【案例2】汉语言文学专业某同学《论〈被掩埋的巨人〉的象征艺术》本论部分的论证段落：

巨人是集体记忆的象征，巨龙魁瑞格是迷雾的制造者。（主题句）龙息或迷雾象征着意识形态控制。小说里，母龙吐出的气息让集体记忆模糊不清了，甚至过去的国仇家恨都忘记了，而现实里的意识形态控制就像是这种迷雾。在现实中，某些政府通过改写历史教科书、控制媒体舆论等方式去模糊那些侵犯罪行，而强调战争中受到的伤害，对过去记忆采用"擦边球"方式或者是避而不谈，不直面过去的错误，反而去制造民族之间历来是和平共处的记忆。（展开论述）比如一场叛乱，在教科书上可以是革命的、积极的，而实际上它与现实有所出入，在大众面前，随着类似迷雾的不断呈现以及岁月的冲蚀，事件的真正面目逐渐变得模糊了。（举例）而我们能把握的是，同那些尚未离开人世还记得过去的人，揭露那些不敢直面历史错误的人的罪行。（结论）

5. 结语（建议 300~500 字）

【指导建议】论文的结语，是围绕本论所作的结束语。其基本要点就是总括全文，加深题旨。这一部分要对绪论中提出的、本论中分析或论证的问题加以综合概括，从而引出或强调得出的结论，对论题研究的发展趋势进行展望或对有关论题进行简要说明。

结语是整篇论文的结局，而不是某一局部问题或某一分支问题的结论，也不是正文中各段的小结的简单重复。结论应该体现作者更深层次的认识，而且是从全篇论文的全部材料出发，经过推理、判断、归纳等逻辑分析过程而得到的新的学术总观念、总见解。

结论部分的写作要求：措辞严谨，逻辑严密，文字具体，不可模棱两可、含糊其词，但也不能夸大其词，对不能完全肯定的内容要留有余地。以300~500 字为宜。

【案例】汉语言文学某同学《试论刘心武〈钟鼓楼〉中的橘瓣式结构》的结语：

在整个篇幅的创设中，不同的结构特点适用于不同的主题、材料、情节以及情感现象，因而需要作者根据不同的设定进行技巧性与合理性的整合。毋庸置疑的是，刘心武在小说时间的处理和成长经历的剪裁方面，都能够进行很好的安排，"橘瓣式"结构具有空前的独创性，在传统小说结构的发展与创新上给予了新的探索。

长篇小说作为一种特殊的文本类型，它所营造的世界在结构艺术上来说是一个杂语世界。小说的结构作为长篇小说的核心要素，其具体表现形式是对小说内部各要素成分与外部组织结构的有机整合。无论是材料的总体组织还是人物的整合配套，《钟鼓楼》的小说结构都具有较高的研究价值和讨论价值，"橘瓣式"的小说结构对传统结构的文本、技巧、形态的突破方面依旧值得我们去深挖。(314 字)

（二）论文修改

论文修改有广义和狭义两种理解。广义的理解包括写作过程中每一个环节的修改；狭义的理解则专指初稿完成后的加工修改。不管是狭义还是广义，论文修改的内容和范围一般包括主题（包括思想观点）、材料、结构、语言等，下面分别谈谈各项修改的范围及其要求。

1. 主题修改

主题是否需要修改，要从观点是否正确、认识是否深刻、文章是否有新意三个方面考察。修改主题分为三个步骤：

第一，要综观全局，立足全篇，审视文章的中心论点是否正确、集中、鲜明、深刻，是否具有创新性，文题是否相符，若干从属论点（即分论点）与中心论点是否一致，某些提法是否全面、准确。如果中心论点把握不准确，不能把最典型、最具本质意义的思想和规律揭示出来，或者有某种失误和偏颇，就要动"大手术"，进行一次大改写甚至重写；如果文章中的论点落后于形势的发展，缺乏新意，就要重新构思和概括，或者改变论证角度，进一步挖掘和提高。

第二，对于论文中出现的主观、片面、空泛的表述，要进行强化、增补等改写工作，将偏颇的改中肯、片面的改全面、模糊的改鲜明、粗浅的改深刻、松散的改集中、陈旧的改新颖、立意低的加以升华。

第三，修改论文的标题。论文的题目是论文的"眼睛"，如果题目短小、精练、鲜明，就能传神生辉，使人一看就有兴趣。所以对初稿的题目进行斟酌、推敲和改动是非常重要的。论文写作，文和题是互相作用、互相影响的。文要切题，题要配文，如果文不对题，题目过长或太笼统，都必须修改，要使题目能概括地表达论文的中心论点和讨论的范围，起到"画龙点睛"的作用。

2. 材料修改

材料修改主要看引用的材料是否确凿有力，是否有出处，是否能相互配合说明论点，是否发挥了论证的力量，是否合乎逻辑，是否具有说服力。要把不足的材料补足，把空泛的、陈旧的、平淡的材料加以调换，把不实的材料和与主题无关的材料予以删除。修改材料一般分两步进行：

第一步，查核校正，即先不考虑观点、结构、语言，只查核材料本身是否真实、可信、准确。

第二步，根据论证中心论点和各分论点的要求，对材料进行增补、删除和调整，使材料能够发挥论证、说明论点的作用。

3. 结构修改

结构是论文表现形式的重要因素，是论文内容的组织安排。结构的好坏直接关系着论文内容表达效果的好坏。结构的调整和校正关系着全文的布局和安排。调整结构，要求理顺思想，检查论文中心是否突出，层次是否清楚，段落划分是否合适，开头、结尾、过渡照应是否合理，全文是否构成一个完整的、严密的整体。调整的原则和要求是有利于突出中心论点，服务于中心论点。修改结构应主要抓好以下三个方面：

第一，层次是否清楚，思路是否通畅。一般可以先从大、小标题（一级、二级标题）之间的关系来看文章的思路和层次。如果论文不设三级标题，则必须从内容去判断。例如，文章在内容上是否符合"提出问题，分析问题，解决问题"的逻辑顺序；全文的布局、层次和段落的安排是否有条理；层次的脉络是否分明、顺畅；各段的分论点是否明确、协调。然后，梳理通顺杂乱无章的阐述，删去重复和矛盾的地方，补上缺少的部分，使全文意思连贯通畅。

第二，结构是否完整。一篇论文要有绪论、本论、结论三大部分，三者协调一致，即要有引人入胜的开头，有材料、有分析的论证，鲜明有力的结尾。同时还要审视各个部分的主次、详略是否得当。

第三，逻辑是否严密。一篇论文必须是论点与论据、大论点与小论点之间有严密的逻辑性。如果论文结构松散，要加以紧缩，删去多余的材料、离题太远或无关紧要的句段。为使结构严谨和谐，对于全文各部分的过渡和照应、层次的衔接、语气的连贯等方面，也要认真地考虑和修改。

4. 语言修改

语言是表达思想的工具，要使论文写得准确、简洁、生动，就不能不在语言运用上反复推敲修改。论文的语言修改，主要是在三方面下功夫：

第一，表达清楚而简练。用最少的文字说明尽可能多的问题，是一篇高质量论文必不可少的条件。为了使文章精练，必须把啰唆、重复的地方，改为精练、简洁的文字。

第二，表达准确而明白。为了保证语言的准确性，要把似是而非的话语改为准确明白的文字。

第三，语言的学术性。学术语言是论文学术含量的一种体现，学会把语言的学术性与可读性结合起来是论文作者学术能力的一种表现。为了保证语言的可读性，要把平淡的改鲜明，把拗口的改流畅，把刻板的改生动，把隐晦的改明快，把含混、笼统的改清晰、具体。但要坚决抵制和拒绝流俗的口语化写作，也要避免抒情化语言。在论文中，适当引用学术理论观点，注重语言的逻辑严谨，是提高论文语言学术性的有效途径。

【指导建议1】在修改完论文的主题、观点和材料的基础上，要指导学生对论文进行逐字逐句的修改，然后采取专项修改的办法，逐项完成。小组内自由组合交叉检查，用红笔标识错误，提出修改意见。这一环节必须严格实行责任制：签名。其修改程序为：

第一项：格式（从封面到致谢）。

第二项：标点符号（从中英文摘要到致谢）。

第三项："地""的""得""着""了""过""做""作"等文字的使用（从头到尾）。

第四项：病句和长句。从词汇、语法、语义、修辞、逻辑等方面检查修改有语病的句子，没语病的句子最好化长句为短句。

第五项：引文。检查全部有引号的内容是否有出处，没有出处就得去掉引号，改为间接引语。

第六项：目录大纲。重点查大纲是否结构平衡、逻辑严密。

第七项：摘要。重点检查文本研究对象的概述、核心观点。

第八项：关键词。重点检查关键词的数量，一般3～5个，不宜太多，也不能太少。

第九项：引言。重点检查引言部分是否对相关领域的文献进行回顾和综述，是否有新的发现。

第十项：本论。重点检查该部分是否有引言段；论证段落的论点是否有主题句；逻辑关系；论证层次。

第十一项：结语。重点检查是否总括全文、加深题意，是否画蛇添足、拖泥带水。

第十二项：拒绝口语化，加强学术话语表达。凡口语化的表达一律先修改为书面语，然后进行学术化处理。

评选本组优秀毕业论文1～2篇，并在组内予以公示。

【指导建议2】查重。按照学校教务处有关规定执行，但建议重复率最好不要超过10%。

【指导建议3】要求学生按计划在规定的时间内完成论文修订稿。

六、论文答辩

【指导建议1】论文作者必须完成至少12次逐项修改与多次全文磨稿，经小组群内匿名互评、互审，打分排名，且论文质量得到指导教师认可，其毕业论文方可定稿。

【指导建议2】定稿后，指导教师应要求学生继续磨稿，在答辩前一周可组织一次小组视频会议，介绍答辩前的准备工作（论文修改、装订打印等），强调答辩纪律（着装、时间），开展最后一次网上答疑。

论文完成后要通过答辩评定论文成绩，为使论文能够顺利通过，应充分做好答辩准备。答辩分为论文介绍和回答问题两个部分。论文介绍主要是三个方面：一是选题说明。说明自己为什么选择这个论题及其意义何在。二是研究背景。说明前人对这个论题做了哪些研究，有哪些重要的研究成果，提出了什么重要观点等。这一部分的介绍能够直接反映出论文的质量、学术性和研究程度，因此这是论文介绍的重点。三是对论文本身的介绍。主要介绍论文的创新之处、基本观点和论述思路以及本文的不足之处等，在准备论文答辩时应该就这三个方面准备一份介绍提纲。整个论文介绍的时间应控制在 5~10 分钟。此外，切忌轻介绍、重答辩。

对回答问题的准备包括熟悉论文与熟悉相关资料和知识两个方面。要求学生认真地反复阅读论文，弄清文中使用的每一个概念，尤其是重要概念的含义，能够准确地解释每一条引用资料，发现论文中的不足之处，设想答辩中可能提出的问题，并设想如果老师提出这个问题应该怎样回答。

教师在答辩问题时应遵循两个原则：一是论文中已经写明白的问题不提；二是与论文无关的问题不提。另外，严禁抄袭。如果指导教师发现论文为抄袭将退回并要求重写；如果答辩中发现论文为抄袭将判为不及格，答辩不予通过。

第二节 毕业论文撰写模板

广州华商学院
GUANGZHOU HUASHANG COLLEGE

本科毕业论文

题　　目：论某个研究对象的某个具体问题

院　　系：文学院汉语言文学系/对外汉语系

专　　业：汉语言文学/汉语国际教育

年级班别：20××级（×）班

学　　号：×××××××××

学生姓名：×××

指导教师：×××

提交日期：　　×　　年　　×　　月

原创性声明

本人郑重声明：

本人所呈交的学位论文《××××》，是本人在导师的指导下，独立进行研究取得的成果。除文中已经注明引用的内容外，本论文不包含其他个人或集体已经发表或撰写过的作品成果。对本文的研究做出贡献的个人和集体，均已在文中以明确方式标明。本人完全意识到本声明的法律后果，并承诺因本声明而产生的法律结果由本人承担。

声明人：

日　期：　　年　月　日

版权使用授权书

　　本学位论文作者完全了解学校有关保留、使用学位论文的规定，同意学校保留并向国家有关部门或机构送交论文的复印件和电子版，允许论文被查阅和借阅。本人授权广州华商学院将本学位论文的全部或部分内容编入有关数据库进行检索，可以采用影印、缩印或扫描等复制手段保存和汇编本学位论文。

本学位论文属于

保密□，在＿＿＿＿＿＿年解密后适用本授权书。

不保密□。

学位论文作者签名：　　　　　　　　　　指导教师签名：

　日期：　　年　月　日　　　　　　　　日期：　　年　月　日

目　录

论某个研究对象的某个具体问题

摘　要：×××××××××××××××××××××××××××
×××××××××××××××××××××××××××××××。
[论文的主要观点和结论的概述（用明确精辟、通俗易懂的语言对全文内容加以概括，提取论文的主要信息。作者的观点、论文的主要内容和研究成果等都要在摘要中体现出来），宜控制在 200 字左右，最多不超过 300 字。不要分段，也不要分条列项。摘要的撰写必须在整篇论文完成之后进行，否则就难以准确概括，费时费力。]

关键词：××××（某个研究对象）；××××（某个具体问题）；××××；×××××；×××××

Abstract：××××××××××（以中文摘要为基础作翻译）

Key words：××××；××××；××××；××××；××××（中文关键词翻译）

引言 （500 字左右）

××××××××××××××××××××××××××××××××
×××××××××××××××××××××××××××××××××。

[引言的一般内容有：

①介绍某研究领域的背景、意义、发展状况和目前的水平等。

②对相关领域的文献进行综述，包括前人的研究成果、已经解决的问题，适当加以评价或比较。

③指出前人尚未解决的问题，提出新思路与新方法，说明自己论题的研究动机与意义。

④说明自己研究本课题的目的。

⑤概括论文的主要内容，或勾勒论文的轮廓，或提出自己的学术观点（即论文的中心论点）。]

一、一级标题（本部分内容 2000 字以上）

×××××××××××××××××××××××××××××××
×××××××（主题句）。×××××××××××××××
×××××××××××××××××××××××××××××××
××××××××××××××××××××××××××××××××
×××××××××××××××××××××××××。［一级标题所属引
言段（即开头，俗称"帽子"）］

（一）二级标题

（也可在此加入简短的引言段）

分论点 1：（首先，）××××××××××××××××（主题句）。××
××××××××××××××××××（展开论述）。如，×××××××
××××××××××××××××××××××××××××××××
×××；再如，×××××××××××××××××××××××××
××××××××××××××××××××××（举例）。（总之/因此，）×
××××××××××××××××××××××××××××××××
×××××××（段落小结）。

分论点 2：（其次，）×××××××××××××××××（主题句）。
××××××××××××××××××××××××××××××××
××××××××××××××××××（展开论述）。如，×××××××
××××××××××××××××××××××××××××××××
××××××；再如，×××××××××××××××××××××××
××××××××××××××××（举例）。（总之/因此，）×
××××××××××××××××××××××××××××××××
×××××××××××（段落小结）。

分论点 3：（最后，）×××××××××××××××××××××（主题句）。

××××××××××××××××××××××××××××××××
×××××××××××××（展开论述）。如，×××××××××
××××；再如，××××××××××××××××××××××
××××××××××××××××××××（举例）。（总之/因此，）×××
×××××××××××××××××××××××××××××××××
××××××××××（段落小结）。

总结（论）：（综上所述/总而言之，）××××××××××××××
××××××（主题句）。××××××××××××××××××××××
×××××××××××××××××××××××××××××××××
××××××××××××××××××××××。

（二）二级标题

（也可在此加入简短的引言段）

分论点1：（首先，）×××××××××××××××××××（主题句）。
××××××××××××××××××××××××××××××××
××××××××××××（展开论述）。如，×××××××××
××××；再如，××××××××××××××××××××××
×××××××××××××××××××××××（举例）。（总之/因此，）
×××××××××××××××××××××××××××××××××
××××××××××（段落小结）。

分论点2：（其次，）××××××××××××××××××（主题句）。
×××××××××××××××××××××××××××××××××
××××××××××××××（展开论述）。如，×××××××××
××××；再如，××××××××××××××××××××××
×××××××××××××××××××××（举例）。（总之/因此，）×
×××××××××××××××××××××××××××××××××

××××××××××（段落小结）。

分论点3：（最后，）×××××××××××××××××（主题句）。×××（展开论述）。如，×××××××××××××××××××××××××××××；再如，×××××××××××××××××××××××××××××××（举例）。（总之/因此，）×××（段落小结）。

总结（论）：（综上所述/总而言之，）×××××××××××××××××××××（主题句）。×××。

（三）二级标题

（也可在此加入简短的引言段）

分论点1：（首先，）×××××××××××××××××（主题句）。×××××××××××××××××××××××××××××（展开论述）。如，×××××××××××××××××××××；再如，×××××××××××××××××（举例）。（总之/因此，）××××××××××××××××××××××××××××××××××××××（段落小结）。

分论点2：（其次，）×××××××××××××××××（主题句）。×××××××××××××××××××××××××（展开论述）。如，×××××××××××××××××××××××××××；再如，×××××××××××××××××（举例）。（总之/因此，）×

××××××××××××××××××××××××××××××
×××××××××××××××××××××××××××××××
××××××××××（段落小结）。

分论点3：（最后,）××××××××××××××××（主题句）。
×××××××××××××××××××××××××××××××
×××××××××××××××××（展开论述）。如，××××××
×××；再如，××××××××××××××××××××××
××××××××××××××（举例）。（总之/因此,）××××
×××××××××××××××××××××××××××××××
××××××××××（段落小结）。

总结（论）：（综上所述/总而言之,）××××××××
××××××（主题句）。××××××××××××××××××
×××××××××××××××××××××××××××××××
××××××××××××××××××××××××××××××。

二、一级标题 （本部分内容2000字以上）

××××××××××××××××××××××××××××××（主题
句）。×××××××××××××××××××××××××××××
×××××××××××××××××××××××××××××××
××××××××××××××××××××××××。［一级标题所属引言段
（即开头，俗称"帽子"）］

（一）二级标题
（也可在此加入简短的引言段）
分论点1：（首先,）×××××××××××××××××（主题句）。
×××××××××××××××××××××××××××××××
×××××××××××××××××（展开论述）。如，×××××
×××××××××××××××××××××××××××××××
××××；再如，×××××××××××××××××××××××

××××××××××××××××××××××（举例）。（总之/因此,）

×××××××××××××××××××××××××××××××××

×××××××××××××××××××××××××××××××××

××××××××（段落小结）。

　　分论点 2：（其次,）××××××××××××××××××××（主题句）。

××××××××××××××××××××××××××（展开论述）。如, ××××××××

×××××××；再如, ××××××××××××××××××××××××

×××××××××××××××××××××××××（举例）。（总之/因此,）×

××××××××××××××××××××××××××××××××

××××××××××（段落小结）。

　　分论点 3：（最后,）××××××××××××××××××××（主题句）。

×××××××××××××××××××××××××××××××

×××××××××××××××××（展开论述）。如, ××××××××××

××××；再如, ××××××××××××××××××××××××××

××××××××××××××××××××××（举例）。（总之/因此,）×××

××××××××××××××××××××××××××××××××

××××××××（段落小结）。

　　总结（论）：（综上所述/总而言之,）××××××××××××××

××××××（主题句）。××××××××××××××××××××××××

××××××××××××××××××××××××××××××××。

（二）二级标题

（也可在此加入简短的引言段）

　　分论点 1：（首先,）××××××××××××××××××××××（主题句）。

×××××××××××××××××××××××××××××××××

×××××××××××××××××××（展开论述）。如, ××××××××××

××××××××××××××××××××××××××××××××××××××；再如，××（举例）。（总之／因此，）××（段落小结）。

分论点2：（其次，）×××××××××××××××××××××（主题句）。××（展开论述）。如，××××××××××××××；再如，××××××××××××××××××××××××（举例）。（总之／因此，）×××（段落小结）。

分论点3：（最后，）×××××××××××××××××（主题句）。×××（展开论述）。如，××××××××××××××；再如，××（举例）。（总之／因此，）×××（段落小结）。

总结（论）：（综上所述／总而言之，）×××××××××××××××××××××××（主题句）。×××。

（三）二级标题

（也可在此加入简短的引言段）

分论点1：（首先,）××××××××××××××××××（主题句）。××（展开论述）。如,××××××××××××××××××××××××××××；再如,××××××××××××××××××××××××××××××（举例）。（总之/因此,）×××（段落小结）。

分论点2：（其次,）××××××××××××××××××（主题句）。××（展开论述）。如,××××××××××××××××××××××××××××；再如,××××××××××××××××××××××××××××××（举例）。（总之/因此,）×××（段落小结）。

分论点3：（最后,）××××××××××××××××××（主题句）。××（展开论述）。如,××××××××××××××××××××××××××××；再如,××××××××××××××××××××××××××××××（举例）。（总之/因此,）×××（段落小结）。

总结（论）：（综上所述/总而言之,）×××××××××××××××××××××××××（主题句）。×××。

三、一级标题 （本部分内容 2000 字以上）

××××× ×××××××××××××××××××（主题句）。××。［一级标题所属引言段（即开头，俗称"帽子"）］

（一）二级标题

（也可在此加入简短的引言段）

分论点 1：（首先，）××××××××××××××××××（主题句）。××××××××××××××××××××××××××××××（展开论述）。如，×××××××××××××××××××××××××××；再如，××××××××××××××××××××××××××××××。（总之/因此，）××（段落小结）。

分论点 2：（其次，）××××××××××××××××××（主题句）。××××××××××××××××××××××××××××××（展开论述）。如，×××××××××××××××××××××××××××××；再如，××××××××××××××××××××××××××××（举例）。（总之/因此，）××（段落小结）。

分论点 3：（最后，）××××××××××××××××××（主题句）。××××××××××××××××××××××××××××（展开论述）。如，×××××××××××××××××××××××××××××××××；再如，×

××（举例）。（总之/因此，）××（段落小结）。

　　总结（论）：（综上所述/总而言之，）×××××××××××××××××（主题句）。×××。

　　（二）二级标题

　　（也可在此加入简短的引言段）

　　分论点1：（首先，）×××××××××××××××××（主题句）。××××××××××××××××××××××××××××××××（展开论述）。如，××××××××××××××；再如，×××××××××××××××××××××××（举例）。（总之/因此，）×××（段落小结）。

　　分论点2：（其次，）×××××××××××××××××（主题句）。××××××××××××××××（展开论述）。如，××××××××××××××××××××；再如，××××××××××××××××××××××（举例）。（总之/因此，）××××××××××××××××××××××××××××××××××××××（段落小结）。

　　分论点3：（最后，）×××××××××××××××××（主题句）。××××××××××××××××××××××××××××××

×××××××××××段落小结×××××（展开论述）。如，×××××××××
××××××××××××××××××××××××××××××××××××××
××××；再如，×××××××××××××××××××××××××××××
××××××××××××××××××××××××××××××××××××××
××××。

×××××××××××××××××××××（举例）。（总之/因此，）×
××××××××××××××××××××××××××××××××××××××
××××××××（段落小结）。

　　总结（论）：（综上所述/总而言之，）×××××××××/××××
××××××××××（主题句）。××××××××××××××××××××××
××××××××××××××××××××××××××××××××××××××
×××××××××××××××××××××。

　　（三）二级标题

（也可在此加入简短的引言段）

　　分论点1：（首先，）××××××××××××××××××××××（主题句）。
××××××××××××××××××××××××××××××××××××××
××××××××××××××（展开论述）。如，×××××××××××
××××××××××××××××××××××××××××××××××××××
×××××；再如，××××××××××××××××××××××××××××
××××××××××××××××××××××（举例）。（总之/因此，）
××××××××××××××××××××××××××××××××××××××
××××××××××（段落小结）。

　　分论点2：（其次，）××××××××××××××××××××××（主题句）。
××××××××××××××××××××××××××××××××××××××
×××××××××××××××（展开论述）。如，×××××××××××
××××××××××××××××××××××××××××××××××××××
×××××；再如，××××××××××××××××××××××××××××
×××××××××××××××××××××（举例）。（总之/因此，）×
××××××××××××××××××××××××××××××××××××××

××× （段落小结）。

分论点3：（最后，）×××××××××××××××××× （主题句）。××××××××××××××××××××× （展开论述）。如，×××××××××××××××××××××××××××；再如，×× （举例）。（总之/因此，）××× （段落小结）。

总结（论）：（综上所述/总而言之，）×××××××××××××× （主题句）。××。

结语 （300～500字）

××。

（结语是整篇论文的结局，而不是某一局部问题或某一分支问题的结论，也不是正文中各段的小结的简单重复。结论应该体现作者更深层次的认识，且是从全篇论文的全部材料出发，经过推理、判断、归纳等逻辑分析过程而得到的新的学术总观念、总见解。）

注释

［1］×××××××××××××
［2］×××××××××××××
［3］××××××××××××
…………

参考文献

[1] ×××××××××××××

[2] ×××××××××××××

[3] ×××××××××××××

…………

[注释和参考文献是指作者所收集到的对本文的论述有重要参考价值并足以支撑本文论述的资料。格式如下：

①专著类：序号、作者、书名、文献类型标识代码（[M]）、出版城市、出版单位、出版年份。

②期刊类：序号、作者、篇名、文献类型标识代码（[J]）、刊名、出版年份和期号。

③报纸类：序号、作者、篇名、文献类型标识代码（[N]）、报纸名、出版日期（版次）。

④学位论文类：序号、作者、篇名、文献类型标识代码（[D]）、学位授予地址、学位授予单位、年份。

⑤会议论文集类：序号、编者、论文集名、文献类型标识代码（[C]）、出版城市、出版单位、出版年、起止页码。

⑥电子资源类：序号、作者、篇名、文献类型标识代码（[EB/OL]）、发表时间、网址。]

致谢

　　××××××××××××××××××××××××××
××××××××××××××××××××××××××××
××××××××××××××××××××××××××××
××××××××××××××××××××××××××××
××××（谢导师）。

　　××××××××××××××××××××××××××
××××××××××××××××××××××××××××
××××××××××××××××××××××××××（谢科任老
师）。××××××××××××××××××××××××
××××××××××××××××××××××××××××
××××××××××××××××××××××××××××
×××××××××××××××××××××××××××（谢
父母）。

　　××××××××××，××××××××××××××。××××××
××××××××××××××××××××××××××××
××××××××××××××××××××××××××××
××××××××××××××××××××××××××××
××××××××（展望未来并再次感谢）。

×××

××××年×月×日

第四章

文学院升学深造指南

研究生教育是国民教育体系的顶端。研究生教育水平是衡量一所大学、一个国家教育发展水平的重要指标。没有强大的研究生教育，就没有强大的国家创新体系。因此，进一步做好研究生教育工作，培养更多的高端人才是我国高等教育发展的必然趋势。

第一节 考研的必要性与可能性

1978 年改革开放以来，中国的高等教育发展迅速。2022 年 5 月 17 日，教育部新闻发布会发布的数据显示，中国高等教育毛入学率从 2012 年的 30% 提高至 2021 年的 57.8%，全国高等教育在学人数超过 4430 万人，高等教育进入世界公认的普及化阶段。与此同时，中国的研究生教育也逐步进入蓬勃发展的新时期。1978 年，全国有 6.3 万人报考研究生，录取 1 万人，录取率 15.8%。到 2023 年，全国报考研究生人数达到 474 万人，比 2022 年增长 3.72%，录取 125 万人，录取率 26.4%。越来越多的本科毕业生为了提高自己的综合能力，提升自身学历和学校层次，或者为了找到理想的工作，减轻自身就业压力而选择考研。

诚然，为了照顾应届大学生，国家出台了一系列优待政策，在某些岗位上，应届大学生有优先录用权。然而，如果在相同的招聘岗位面前，应届本科生遇到了应届研究生，本科生不一定占有优势。据北京教委发布的数据，2023 年北京高校毕业研究生首次超过毕业本科生。北京毕业研究生约 16.08 万人，毕业本科生约 13.61 万人，研究生足足比本科生多出了 2 万余人！而且，这种趋势会愈演愈烈，毕业研究生比本科生多意味着本科生将失去市场竞争优势。因此，居安思危，早做准备，争取考研上岸是本科新生入学后就要做出的选择。虽然学历与能力不能画等号，但在通常的情况下，高学历者比低学历者的能力要强，至少在个人的学术高度上如此。杨绛曾经说过："读书的意义，大概就是用生活所感去读书，用读书所得去生活吧！"读研最大的意义就是提升自我，培养独立思考的能力。当我们的能力越强时，获得的机遇自然就会越多。这也是近年来"考研热"持续不退的原因。读了研究生你就会知道，身边不乏优秀的人，他们明亮但不刺眼，自信又懂得收敛，让你收获满满的正能量。总之，考研日益成为趋势，成为许多本科生增强竞争力的必经之路。

考研难不难？答案是肯定的。考研难于高考。高考的本科录取率大约在40%，考研的录取率只有约30%。比如，2019年，研究生报考人数290万人，招生91.7万人，录取率31.6%；2020年，研究生报考人数341万人，招生111.4万人，录取率32.7%；2021年，研究生报考人数377万人，招生105.07万人，录取率27.9%；2022年，研究生报考人数457万人，招生110.7万人，录取率24.2%；2023年，研究生报考人数474万人，招生125万人，录取率26.4%。不仅录取率低，而且报考的学校知名度越高，难度也就越大。也许有人会说，本科非985/211院校的学生，考研没有优势。其实，考研成功与否与此关系并不太大，特别是初试，以成绩为王。"双非"院校学生每年考研成功的也不在少数。就以广州华商学院文学院为例，近年来考研成功人数逐年提升：2021年12人，2022年31人，2023年52人。因此，千万不要轻易放弃。

如果下定决心选择了考研，就要相信自己，对自己有信心。考研是个持久战，要在战略上藐视它。学习态度一定要端正，要有破釜沉舟、背水一战的决心，千万不要抱着试试看的想法。在战术上要重视它，要精挑细选参考书目和复习资料，根据自己的实际情况，制订详细而可行的学习计划，并付诸实际行动，按时完成。既然决定了考研，就应该在备考期间忍住诱惑、拒绝玩乐，做到"两耳不闻窗外事，一心只读圣贤书"。当然，注意要劳逸结合，保持身体健康，累了就适当休息一下，这样学习效率才能有所提高。学习过程中遇到问题要虚心请教同学和老师，善于利用身边的资源解决问题。最重要的是坚持到底，切莫半途而废！只要努力做到以上几点，胜利离你就不远了，成功的可能就会变成必然！

第二节　考研专业介绍

对相关专业的介绍，可去中国研究生招生信息网（https：//yz. chsi. com. cn，简称研招网）的"信息库"板块查询。

一、中国语言文学相关学术型硕士专业介绍

中国语言文学一级学科下设八个硕士专业方向：中国古代文学、中国现当代

文学、文艺学、汉语言文字学、中国古典文献学、语言学及应用语言学、比较文学与世界文学、中国少数民族语言文学。中国语言文学一级学科下的写作学、中国民间文学等在我国一些高校已发展成为类似研究方向的独立分支学科。此外，还有文学门类下的一个自设二级学科或研究方向——对外汉语教学。

（一）中国古代文学

专业简介：中国古代文学是中国传统文化中最具魅力的一个组成部分。这个专业以古代文学发展的历史、文学体裁的演变、历代作家作品、文学流派、文学现象、典籍、文论、各个时期文学承前启后的关系等为研究对象，因而要求考生具有一定的古文功底和对文学作品的鉴赏能力，熟悉某一历史阶段的文学发展情况。

研究方向：先秦两汉文学、魏晋隋唐文学、宋元文学、明清及近代文学、分体文学史、古代文论等。

（二）中国现当代文学

专业简介：中国现当代文学专业注重学理研究与现实问题的紧密结合。它主要是对20世纪以来中国的文学理论与文学思潮予以重审，对中国现当代文学的历史发展、思潮流变、文学群体、作家作品进行深入研究，探讨文学与乡土文化、启蒙文化、政治意识形态之间的联系，以开阔的视野，结合新兴的研究方法，将传统的文学研究置于不断加剧的"现代化"和"全球化"进程中来思考，以此来认识和回应当代社会巨变所带来的新的文学、文化问题。北京大学、南京大学等高校的中国现当代文学为国家重点学科。

研究方向：中国现代文学、中国当代文学、儿童文学、戏剧影视文学、科幻文学、民间文学、当代文化与文学研究、20世纪中国文学思潮、中国现当代文学与乡土文化等。

（三）文艺学

专业简介：文艺学是一门以文学为对象，以揭示文学基本规律、介绍相关知识为目的的学科，包括三个分支，即文学理论、文学批评和文学史。这三个分支具有不同的研究对象和任务。它们之间既相互独立又相互联系、渗透，组成一个有机整体。文学理论作为研究文学普遍规律的学科，既从文学史和文学批评中吸收养分以构建自己的理论体系，又给文学史和文学批评提供一定的理论观点、方法、准则和范畴；文学批评不但接受文学理论的指导，而且以对文学史规律的认识作为自己的根基；文学史家若没有正确的文学理论观点，不能恰当地评判文学作品，就不可能进行科学的文学史研究。文艺学是文学实践的理论总结，又受到文学实践的检验和修正，并给文学实践以指导。

研究方向：文艺理论与批评、文艺美学、中国文艺思想史、美学、中国古代文论、西方文论等。

（四）汉语言文字学

专业简介：汉语言文字学为语言类的传统学科，分为现代汉语和古代汉语两个大方向。它包括传统的文字学、音韵学、训诂学以及现代汉字学、汉语语音学、语法学、语义学、语用学、修辞学等一系列学科，主要研究从上古到现代汉语的口语系统与文字系统的演变规律、结构特征和现实状况。现代汉语侧重于研究现代普通话和方言，与语言学及应用语言学联系紧密；古代汉语侧重研究古文字（甲骨文、金文、隶书等）、古音韵、训诂、词汇等，与历史文献学、考古学和古代文学关系密切。

研究方向：现代汉语、古代汉语、汉语方言、汉语史、汉语词汇学、现代汉语语法修辞、音韵文字训诂、中古汉语词汇语法、汉语语音学、汉语发展史、汉字信息处理、对外汉语教学等。

（五）中国古典文献学

专业简介：中国古典文献学以整理和研究中国古代典籍、弘扬传统文化为宗旨，致力于中国古代典籍的研究与整理，如文学作品总集、历代作家别集的校点、笺注、辑佚、编著，作家、作品基本史料的整理研究，作家传记、文学活动编年、作品系年以及写作本事、流派演变的记述与考证等。传统的文献学包括目录、版本、校勘、辑佚、辨伪、注疏等内容，是传统经史之学的门径和基石，而在现代，除了传统的内容之外，中国古典文献学主要涉及中国古代文学典籍的研究、考辨、编纂、译注及现代化传播等重要方面。它既是中国古典文学教学研究的基础，也是其重要组成部分。

研究方向：先秦两汉魏晋南北朝文学文献、唐宋文学文献、元明清文学文献等。

（六）语言学及应用语言学

专业简介：语言学及应用语言学是研究人类语言的基础理论及其应用的学

科。语言学揭示语言的一般性质和共同规律，研究语言的结构和类型、语言的社会功能、语言的历史发展，以及其他与语言有关的问题。应用语言学是研究语言学在各个领域中实际应用的科学，它以理论语言学为依托，以实际应用为导向，是综合各科知识的一门边缘学科。目前，国内应用语言学在语言规范与应用、语言计划及政策、语言教育、语言的社会分析和文化诠释，以及语言文字的现代科技应用等方面都提出了大量的研究课题，并由此产生了许多新兴的交叉性学术领域，比如，广告语言学、公关语言学、法律语言学等。它的研究成果对于社会的进步乃至国民经济的发展都具有积极意义。语言学及应用语言学专业以理论与应用相结合为特点，既重视语言理论的学习和探讨，又强调实证研究，注重语言实践和教学应用。

研究方向：汉语语法及语法理论、计算语言学、汉语史、社会语言学与语言应用、中外语言对比及对外汉语教学等。

（七）比较文学与世界文学

专业简介：比较文学与世界文学是一个跨文化、跨学科的文学研究领域。其宗旨在于以总体文学的研究为背景，以不同民族、不同文明背景的文学及文化现象为素材，通过沟通和对话，促进东西方异质文化之间文学的互识、互证与互补，探寻不同民族文学间相互交流、影响的轨迹，促进文学与哲学、人类学、心理学、艺术等知识领域的交叉与互渗。

研究方向：比较文学与文论、中西文学文化关系、外国文学与翻译研究、比较文学、世界文学、中外文学比较、比较诗学、译介学等。

（八）中国少数民族语言文学

专业简介：中国少数民族的语言文学，现在已引起许多学者的关注。许多跨境民族的语言和文学，已成为中国与周边国家相关民族交往、交流的园地和桥梁。如今，藏学、蒙古学、满学、突厥学、壮学、傣学、苗学、瑶学、彝学、哈尼学等已成为国际性学科。近年来，联合国教科文组织陆续发表有关保护世界文化多样性的决议、宣言和国际公约，世界文化的多元化已成为人们普遍认同的共识。

研究方向：目前，各大院校的中国少数民族语言文学专业的研究侧重点都略有不同。以内蒙古大学为例，该专业主要的研究方向有：蒙古亲属语言研究、现代蒙古语及其方言研究、北方民族古文字及蒙古文献研究、中期蒙古语研究、蒙古族古代文学、蒙古族现当代文学、蒙古族民间文学。

（九）写作学

专业简介：该学科主要运用哲学、心理学、文学及语言学等理论方法，研究写作本质、写作行为规律、写作方法等方面内容，重点研究写作主体智能建构、写作过程中主客体转化机制及各种写作文本形态等问题。培养能够从事写作学教学及科研工作的写作教师和能够从事各类实际工作部门所需要的高级实用写作的专门人才，充分发挥写作学科服务社会的独特功能。

研究方向：写作学基础理论、文体写作、创意写作、现代应用写作。

（十）中国民间文学

专业简介：中国民间文学是关于民间文学的一般特点、起源、发展以及功能等方面的叙述、阐释和说明。这里的"民间"包括两方面含义：一是民间文学传承和传播的社会基础，二是民众的生活领域和意义世界。集体创造、口耳相传、生活属性与艺术属性是界定中国民间文学的重要特征。中国民间文学包括神话、民间传说、民间故事、民间歌谣、民间说唱、民间小戏等口头文学，它们各自独立，共同构成民间文学的分支。

研究方向：中国民间文学理论研究、跨文化学、中国民间文学史、非物质文化遗产、中国俗文学与俗文学史、当代民间文学研究。

（十一）对外汉语教学

专业简介：对外汉语教学是文学门类下的一个自设二级学科或研究方向。这个专业主要学习三方面知识：文学、文化和语言。文学包括中国文学和外国文学，文化包括中国文化和外国文化，语言包括汉语、英语以及语言学各分支学科的知识。

研究方向：学术型硕士方向叫语言学及应用语言学，它分为两个方向，一是语言学理论方向，二是对外汉语教学方向。专业型硕士也就是汉语国际教育硕士。

对外汉语教学和汉语国际教育的区别：

（1）本科层面上，两个专业是一样的，区别不大。

（2）硕士层面上，对外汉语教育不是一个硕士专业，它的上级学科是语言学及应用语言学，属于学术型硕士，更加注重汉语本体的研究和汉语教学过程中汉语本身的研究，对文化方面不是很侧重。汉语国际教育就是指超越国家的全球范围内的汉语教育，也可以称为世界汉语教育。出国教学是汉语国际教育最主要、最直接的表现形式。

二、文学类相关学术型硕士专业介绍

（一）戏剧与影视学

专业简介：戏剧与影视学是国家一级学科，下设表演、广播电视编导、戏剧影视导演、戏剧戏曲学、戏剧影视文学、电影学、影视摄影与制作、戏剧影视美术设计、录音艺术、视觉传达设计、动画、数字媒体艺术等专业。戏剧与影视学基于戏剧影视美学与批评、影像研究、电子媒介交织的文化艺术属性研究以及各类语言传播现象的研究，探索戏剧与影视创作规律。通过对当代影视戏剧理论与实践发生、发展的考量，将艺术理论和美学原则融入戏剧与影视的研究和创作中。在保持独立的地域文化、民族文化的基础上，借鉴当代欧美先进的戏剧影视研究理念，着力推动学科本身艺术规律研究的丰富性与全息性。

研究方向：属于艺术类，培养方向是为电影电视、互联网络、戏剧剧场及其他相关媒体、相关部门培养戏剧、影视剧、网络剧等的剧本创作、策划宣传、评论评估、文案写作人才。戏剧影视文学以戏剧、电影、文学为专业基础课程，以影视编剧和电视剧为专业核心课程，高度强调阅读思考与写作制作的良性互动，以知行合一、会写能拍为培养目标。教学与实践内容主要包括三大模块：影视剧作模块、短片拍摄模块、艺术史论模块，以影视剧作、影像叙事实践、中外戏剧、中外电影、中外电视剧、中外文学为核心课程。

（二）戏剧戏曲学

专业简介：戏剧戏曲学是戏剧与影视学专业下设的二级学科，是对戏剧戏曲理论及历史的考察和研究。研究范围上自古希腊、罗马、印度及中国古代戏曲的理论与实践，下至现当代世界各种戏剧流派、中国的戏剧戏曲现状及走向，并用其指导实践。戏剧戏曲学以哲学、美学的研究成果为指导，与音乐学、美术学、电影学、广播电视艺术学等邻近学科互相参照、相互推动。

研究方向：戏剧戏曲学专业目前设置的硕士研究生培养方向有 16 个：编剧理论与创作实践、戏剧学、外国戏剧、中国戏曲史论、中国话剧、戏剧导演理论与实践、戏剧（影视）表演理论与实践、舞台设计与理论、舞台服装设计与理论、舞台化装设计与理论、舞台灯光设计与灯光技术、舞台美术历史与理论研究、舞台美术绘画造型与理论、电脑美术设计与理论、舞台设计（绘景）与理论、戏剧管理。

（三）电影学

专业简介：电影学主要研究电影的中外历史、电影审美特性、电影创作规律、摄影艺术、造型艺术等方面的基本知识和技能，在电视台、电影厂、影视制作公司等进行电影、广播电视节目的策划、创作、制作，以及对影视剧作的鉴赏评论等。在中国，电影学还是一门新兴学科，一般认为电影学是艺术学的一个分支。在国际上，电影学作为一门独立学科在其发展过程中既与社会学、历史学、心理学等产生联系，又与美学以及艺术学的其他分支相互影响。随着跨学科研究的日渐开拓，电影研究与其他学科研究的结合更趋密切，出现了一些新的分科，如电影美学、电影哲学、电影诗学、电影心理学、电影社会学和电影符号学等。

研究方向：广播电视艺术学、戏剧戏曲学、新闻与传播、电影学。

（四）广播电视艺术学

专业简介：广播电视艺术学是艺术学门类下一级学科戏剧与影视学的下属学科，是艺术与电子技术结合而产生的新兴学科。20 世纪 50 年代以来，广播与电视迅速发展，成为 20 世纪后半叶影响社会各个领域的强大视听媒介。在电视新闻、纪录（专题）片、电视剧创作以及丰富多彩的广播电视形态中，凸显出独特的艺术个性和美学风貌，被称作继诗歌、音乐、绘画、雕塑、建筑、舞蹈、戏剧、电影之后的一种受众面最广、影响力最大的新的艺术形态。随着新媒体技术和"三网"联合的不断发展，广播电视艺术领域不断扩大，视听艺术手段更加多样，广播电视艺术在精神文明建设中起着难以替代的重要作用。

研究方向：广播电视媒介、电视艺术理论与批评、新媒体研究。

（五）新闻学

专业简介：新闻学是以人类社会客观存在的新闻现象作为自己的研究对象，研究新闻事业和人类社会的关系，探索新闻事业产生、发展的特殊规律和新闻工作的基本要求的一门科学。它研究的内容是新闻理论、新闻史和新闻业务。新闻学的中心议题是：客观社会的诸条件对人类新闻活动的决定、支配作用以及新闻活动对社会的反作用。总体来说，它分成学硕和专硕，也就是新闻传播学（学硕）、新闻与传播（专硕）。

研究方向：广告学、广播电视、传媒经营管理、新闻业务、新媒体与网络传播、国际新闻传播。

（六）传播学

专业简介：传播学是新闻传播学下设的二级学科之一。它是研究人类一切传播行为和传播过程发生、发展的规律以及传播与人和社会的关系的学问，是研究社会信息系统及其运行规律的科学。简言之，传播学是研究人类如何运用符号进行社会信息交流的学科。传播学又称传学、传意学等。

研究方向：传播伦理与法制、跨文化传播专题研究、文化传播史、"二战"时期美国传播学研究、大众传播心理研究、传播文化研究。

三、文学类相关专业型硕士专业介绍

（一）学科教学（语文）

1996 年国务院学位委员会通过设置教育硕士专业学位的决议，并在同年 6 月启动教育硕士专业学位试点工作，试点工作在北京师范大学等 16 所高校展开。20 多年来，教育专硕从无到有、从少到多，截至 2022 年，培养院校已经增至 158 所。数量增加的同时，教育硕士专业培养方向也在不断扩展。1996 年教育硕士专业在设立之初，分设学科教学和教育管理两个培养方向，主要培养面向基础教育教学及其管理工作需要的高层次人才，招生对象为大学本科毕业，具有三年以上第一线教学经历的基础教育的专任教师和管理人员。经过 20 多年的发展，教育专硕招生专业领域和方向不仅涵盖基础教育各个阶段、各科教师，并且扩展到了中等职业教育领域。招生范围也相应扩大，其中全日制教育硕士一般面向大学本科生。非全日制教育硕士则面向在职中小学、幼儿园、中职学校专任教师或管理人员。（具体招生要求以各招生单位当年的简章为准）

在研招网专硕目录中可以看到，教育学科目前的专业主要有：教育、教育管理、科学与技术教育、特殊教育、现代教育技术、小学教育、心理健康教育、学科教学（地理、化学、历史、美术、生物、数学、思政、语文、体育、物理、音乐、英语）、学前教育、职业技术教育等。尽管同属于教育学专硕，但各个专业在招生要求上大不相同。

首先是考试科目不同。教育专硕各专业的考试科目有政治、英语二（或其他第二外语)、(333) 教育综合、业务课二。其中，(333) 教育综合为全国统一考试代码，由各招生单位自主命题，考查范围一般包括教育学、教育心理学、中国教育史、外国教育史等内容。业务课二的考试内容则视所选专业确定。部分专业的业务课二会考相应专业理论，比如教育管理、特殊教育、心理健康教育。还有部分专业由于各招生单位不同，业务课二的考试内容差异较大，比如科学与技术教育专业，首都师范大学考的是 (883) 科学技术史自然学科教学设计，北京航空航天大学则考 (892) 普通物理综合；再如现代教育技术专业，华中师范大学考试科目为 (873) C 语言程序设计，北京工业大学考试内容为 (808) 教育技术综合。

其次是各专业招生对象的条件不同。一些院校在招生目录中会明确要求考生有相关学科背景，这里提醒想要跨考的同学，一定要注意各招生专业和招生单位的跨考门槛和限制。比如，北京师范大学 2022 年硕士研究生招生专业目录显示，科学与技术教育专业只招收本科专业为教育学、理学、工学、农学或医学门类的考生。再如，北京航空航天大学在招收该专业的学生时更是明确要面向科技场馆培养专门人才，只招收本科毕业于理学、工学、农学、医学专业的考生。再如，华东师范大学在招收现代教育技术专业的考生时，希望其具有教育技术学、教育学、计算机应用等专业背景。

另外，教育管理专业的报考条件有特殊要求，其招生对象为大学本科毕业后有 3 年以上工作经验的人员，或者是获得国家承认的高职高专毕业学历或大学本科结业后，达到大学本科毕业同等学力并有 5 年以上工作经验的人员，或者是获得硕士学位或博士学位后有 2 年以上工作经验的人员。因此，部分招生单位教育管理专业只招收非全日制考生。因此，在选择教育专硕考研时，一定要仔细阅读招生单位的简章，了解不同专业的具体相关要求。

（二）国际中文教育

国际中文教育（原名汉语国际教育）是专业型硕士专业之一，是指面向海外母语非汉语者的汉语教学。该专业出现在 20 世纪 80 年代，专门培养具有较深汉语言文化功底，能够胜任汉语作为第二语言教学的高层次、应用型、复合型专门人才。

国际中文教育专业教学不仅涉及汉语本体知识，还涉及教育学、心理学等跨学科、跨文化知识，因此面临着跨文化教学培养，本专业学生要具备深厚的汉语言文化知识、熟练的汉语作为第二语言/外语教学的技能、较高的外语水平和跨文化交际能力。

对喜欢从事语言或者教学工作的人来说，国际中文教育专硕是一个非常好的选择，发展前景也很可观：既可以成为对外汉语教师或对外汉语志愿者，也可以参加教师、公务员等考试，或者自主创业。

（三）新闻与传播硕士

新闻与传播专业硕士，即 MJC（Master of Journalism and Communication）。在中国新闻传播事业蓬勃发展的过程中，新闻学和传播学的融合十分明显，跨学科研究也成为趋势，新闻与传播硕士专业学位的设立，则顺应了时代发展需要，为国家应用型新闻传播人才的储备贡献了力量。2010 年，教育部发布《关于印发金融硕士等 19 种专业学位设置方案的通知》，其中就包括了新闻与传播专业学位。通知中明确指出，新闻与传播的培养目标是：培养具备良好的政治思想素质和职业道德素养，具有现代新闻传播理念与国际化视野，深入了解中国基本国情，熟练掌握新闻传播技能与方法的高层次、应用型新闻传播专门人才。十几年过去了，这一目标仍未过时。不同的是，随着新媒体的不断发展，媒体融合成为大趋势，新闻与传播的研究早就不再局限于对传统媒体的研究，"全媒体""融媒体""媒体融合"这样的新词不断拓宽新闻与传播的研究范围，由此衍生出的课题更是层出不穷。从微信、微博的蓬勃发展到短视频的兴起，新闻的传播方式不再局限于传统媒体，更新颖的呈现方式、更多样化的传播途径不仅增加了社会接收信息的新鲜感，也为学术研究增添了新的课题。

（四）翻译硕士

为适应中国改革开放和社会主义现代化建设事业发展的需要，促进中外交流，培养高层次、应用型高级翻译专门人才，翻译硕士专业学位于 2007 年获批设立。翻译专硕突出翻译工作实践导向，教学内容突出口笔译技能训练，培养翻译实际操作能力的同时，也兼顾了翻译理论素质和跨文化交际能力的培养。

经过十余年的发展，翻译专硕已经包括阿拉伯语、朝鲜语、德语等笔译专业，阿拉伯语、朝鲜语、德语、意大利语等口译专业。其中，笔译即笔头翻译，口译则是口头翻译，口译工作一般包括同声传译和交替传译。

同声传译是当前会议口译中使用最多的工作模式，指发言人连续不断地讲话，口译员一边听一边把发言人所表达的全部意思准确、完整地传译成目的语。而翻译耳机里的声音来自隔音同传间（俗称"箱子"）。

交替传译主要用于会见会谈、新闻发布等范围小、时间短、语种少的场合。口译员坐在会议室里，一面听源语讲话，一面记笔记，当讲者发言结束或停下来等候传译的时候，口译员用清楚、自然的目的语，准确、完整地重新表达源语发言的全部内容。会议口译中的交替传译要求口译员能够听取长达五至十分钟连续不断的讲话，并运用良好的演讲技巧，完整、准确地译出其全部内容，需要口译员有强大的记忆力和速记能力。

（五）艺术硕士（戏剧）

艺术专硕（简称 MFA）是为了培养艺术领域专业人才而成立的硕士学位，其包涵音乐、舞蹈、美术、艺术设计、艺术、电影、戏剧、戏曲、广播电视 9 个专业方向。

（六）文物与博物馆硕士

文物与博物馆（简称文博）硕士属历史学门类，是国家为适应新时期文物与博物馆事业发展对高层次、应用型专门人才的需求而设置的学位类型。近年来，各高校向文博行业培养输送了大量的高层次应用型人才，为我国文博事业的发展提供了人力资源支撑。研招网专业目录显示，2022 年共有 50 所高校招收文物与博物馆专业学位研究生。

文博研究生的教学培养体系中，文物保护管理和科学研究是相互联系、相互促进的，体现着专业综合性。很多高校的文物与博物馆专业学位研究方向设有考古学、文物学、博物馆学。不少高校还依据地缘优势、办学特色，开辟了其他研究方向。如北京科技大学、郑州大学开设有"科技考古"方向，山西大学开设有"革命文物"等方向，首都师范大学开设有"公众考古""非物质文化遗产研究"等方向，中国社会科学院大学开设有"博物馆策展与研究""故宫学"等方向，湖南大学开设有"出土文献研究"等方向。

科研能力、科研水平的培养，是文博硕士培养的重要环节。北京博物馆学会理事长刘超英认为，科研工作是博物馆各项工作的基础，科研工作弱化会影响博物馆社会效益的发挥。文物与博物馆专业学位研究生在学习期间要系统掌握专业基本知识和基本理论，了解本学科的发展历史、现状和最新动态，能承担与学科有关的学术研究工作。

目前，各高校文博硕士一般采取在校学习与专业实习相结合的培养方式，坚持理论与实践结合，重视案例教学和实践教学。实践教学形式包括文物保护及科技考古实验、田野发掘及调查、博物馆展陈等，有利于拓宽文博专业学生的视野，促进学生主动了解学科前沿的进展。

（七）图书情报硕士

图书情报硕士专业学位英文名称为 Master of Library and Information Studies，简称 MLIS，它是为适应新形势下图书情报事业发展对图书情报专门人才的迫切需求、完善图书情报人才培养体系、创新图书情报人才培养模式、提高图书情报人才培养质量而设置的。

图书情报硕士专业学位的培养目标是：培养具备良好的政治思想素质和职业道德素养，掌握扎实的图书情报专业知识和技能，具有较高的外语水平和较强的跨文化交际能力，具有综合运用管理、经济、法律、计算机等知识解决图书情报工作实际问题能力，适应社会信息化和国民经济建设需要的高层次、应用型、复合型图书情报专门人才。

图书情报硕士的课程设置要充分反映图书情报实践对专门人才的知识与素质要求，注重分析能力和创造性解决实际问题能力的培养。教学方法重视运用团队学习、案例分析、现场研究、模拟训练等。

（八）出版硕士

出版硕士专业学位的英文名称为 Master of Publishing，简称 MP。根据《出版硕士专业学位设置方案》，设置出版硕士专业学位是为适应我国出版事业发展对出版专门人才的迫切需求，完善出版人才培养体系，创新出版人才培养模式，提高出版人才培养质量。本专业注重分析能力和创造性解决实际问题能力的培养，积极推进出版硕士专业学位与出版类工作实践的有效衔接。

研招网 2021 年硕士专业目录显示，2021 年共有 26 所院校招收出版专业学位研究生。虽然同是出版专硕，但不同院校根据实际将其设置在不同学院中。例如武汉大学、南京大学将该专硕设置在信息管理学院中；而南开大学、暨南大学、华南师范大学、南京师范大学将该专硕设置在文学院中；河南大学、南昌大学、湖南师范大学则将其设置在新闻与传播学院中。其余高校设置情况可登录研招网查看。

此外，不同院校设置的研究方向各有特色。如中国传媒大学传播研究院设置了出版经营管理、数字出版业务两个研究方向；河北大学新闻传播学院设置了出版贸易、编辑出版业务、出版经营与管理三个研究方向；南昌大学新闻与传播学院设置了苏区文化出版、出版创意与营销、编辑出版实务、新媒体与数字出版等多个研究方向。

四、跨专业考研专业推荐

（一）行政管理

专业介绍：行政管理专业是公共管理学科下的一个二级学科。行政管理是运用国家权力管理社会事务的一种活动，也可以泛指一切企业、事业单位的行政事务管理工作。行政管理系统是一类组织系统。它是社会系统的一个重要分系统。随着社会的发展，行政管理的对象日益广泛，包括经济建设、文化教育、市政建设、社会秩序、公共卫生、环境保护、公共建设等各个方面。现代行政管理多应用系统工程思想和方法，以减少人力、物力、财力、时间的支出和浪费，提高行政管理的效能和效率。

研究方向：政府改革与治理、比较政府、公共人力资源与绩效管理、非营利组织与公共事业管理、公共服务管理等。

（二）社会保障

专业介绍：社会保障专业是公共管理一级学科下的一个二级学科，综合了管理学、社会学和经济学的理论和方法，对社会保障宏观政策、社会保障管理运行体制、社会保障基金投资与管理，以及社会求助、社会保险、社会福利等问题进行研究，具有很强的实用性和建设性。

研究方向：以武汉大学为例，其研究方向包括社会保障基本理论与政策、社会保障经济与金融、社会保障制度与经济发展、社会保障基金管理、社会保障与公共财政、保险与保障、风险管理、企业年金、农村社会保障。

（三）图书情报与档案管理

专业介绍：图书情报与档案管理一级学科隶属于管理学门类，该学科由图书馆学、情报学、档案学、信息资源管理、信息分析、出版管理等学科方向组成。

研究方向：数字图书馆与知识服务、信息资源组织与检索、数据挖掘与知识发现、信息分析与安全管理。

（四）人力资源管理

专业介绍：人力资源管理专业培养具备管理、经济、法律及人力资源管理等方面的知识和能力，能在事业单位及政府部门从事人力资源管理以及教学、科研方面工作的工商管理学科专门人才。

研究方向：人力资源管理是管理学一级学科下设的一个研究方向，包括绩效管理、员工招聘与选择、员工培训与发展、组织文化与员工满意度、薪酬管理、劳动关系、国际人力资源管理等。

（五）公共管理硕士（专硕）

专业介绍：公共管理硕士（Master of Public Administration，简称 MPA），又称公共行政硕士，是为适应社会公共管理现代化、科学化和专业化的要求而设立的学科，其培养目标是为政府部门及公共机构培养德才兼备、适应社会主义现代化建设需要的高层次、应用型、复合型管理人才。要求学生能够掌握先进的分析方法及技术，熟悉具体公共管理或政策领域。公共管理学是一门运用管理学、政治学、经济学等多学科理论与方法，专门研究公共组织尤其是政府组织的管理活动及其规律的学科体系。

研究方向：公共管理、行政管理、社会医学与卫生事业管理、教育经济与管理、社会保障、土地资源管理。

（六）法律硕士（非法学）（专硕）

法律硕士（非法学）专业，它是专为跨专业考生设置的，旨在培养复合型人才，要求考生本科专业非法学。培养既具有法律知识，又具备其他专业背景的高层次法律专业人才。法律（非法学）硕士的学制通常为三年。

研究方向：营商环境与企业发展法、技术转让与知识产权法、金融法务、涉外法务、公司法务、政府法务等。

（七）旅游管理（专硕）

专业介绍：旅游管理专业硕士学位是为完善旅游管理人才培养体系、创新旅游管理人才培养模式、提高旅游管理人才培养质量而设置的。

研究方向：旅游规划与旅游资源开发、旅游企业管理、文旅产业与管理、遗产资源开发等。

第三节　考研准备

备考时，考研相关信息均可在中国研究生招生信息网查到，比如查找招生目录和招生人数：进入研招网，点击"硕士专业目录"，选择省份＋选择门类＋选择学科类别，点击"查询"，页面会出现相关招考单位，可查看招生人数。

关于报名、初试、复试和调剂的相关要求和注意事项，以下将摘录教育部于2023年9月15日发布的《2024年全国硕士研究生招生工作管理规定》的相关内容，为读者提供参考。

一、报名

第十七条　报名参加全国硕士研究生招生考试的人员，须符合下列条件：

（一）中华人民共和国公民。

（二）拥护中国共产党的领导，品德良好，遵纪守法。

（三）身体健康状况符合国家和招生单位规定的体检要求。

（四）考生学业水平必须符合下列条件之一：

1. 国家承认学历的应届本科毕业生（含普通高校、成人高校、普通高校举办的成人高等学历教育等应届本科毕业生）及自学考试和网络教育届时可毕业本科生。

考生录取当年入学前（具体时限由招生单位规定，下同）必须取得国家承认的本科毕业证书或教育部留学服务中心出具的《国（境）外学历学位认证书》，否则录取资格无效。

2. 具有国家承认的大学本科毕业学历的人员。

3. 获得国家承认的高职高专毕业学历后满2年（毕业后到录取当年入学前，下同）或2年以上的人员，以及国家承认学历的本科结业生，符合招生单位根据本单位的培养目标对考生提出的具体学业要求的，按本科毕业同等学力身份报考。

4. 已获硕士、博士研究生学历或学位的人员。

在校研究生报考须在报名前征得所在培养单位同意。

第二十二条　报名包括网上报名和网上确认两个阶段。所有考生均须在规定时间内参加网上报名和网上确认，逾期不再补办。省级教育招生考试机构统筹安排报考点开展答复考生咨询、办理报名手续、安排考场、组织考试等工作。报名网络技术服务工作由教育部学生服务与素质发展中心负责。

省级高等学校招生委员会应统筹考虑考生规模、考务组织、服务保障等因素，安排充足的考试服务资源，合理设置并公布报考点，妥善安排考生报考。应届本科毕业生原则上应选择就读学校所在地省级教育招生考试机构指定的报考点，其中成人高校应届本科毕业生也可选择教学点所在地省级教育招生考试机构指定的报考点；单独考试考生应选择招生单位所在地省级教育招生考试机构指定的报考点；其他考生应选择工作所在地或户籍所在地省级教育招生考试机构指定的报考点（相关具体要求由所在地省级教育招生考试机构因地制宜、合理确定，鼓励有条件的省份为更多考生就地报考提供服务）。考生户籍所在地应做好考生报名兜底服务保障。

（一）网上报名要求

1. 网上报名时间为 2023 年 10 月 8 日至 10 月 25 日，每天 9：00—22：00。网上预报名时间为 2023 年 9 月 24 日至 9 月 27 日，每天 9：00—22：00。

2. 考生应在规定时间登录"中国研究生招生信息网"（网址：https：//yz.chsi.com.cn，以下简称"研招网"）浏览报考须知，并按省级教育招生考试机构、报考点以及报考招生单位的网上公告要求报名。报名期间，考生可自行修改网上报名信息或重新填报报名信息，但每位考生只能保留一条有效报名信息。逾期不得修改报名信息。

3. 考生报名时只能填报一个招生单位的一个专业。

4. 考生应按要求如实填写学习情况和提供真实材料。

5. 考生要如实填写本人所受奖惩情况，特别是在参加普通和成人高等学校招生考试、全国硕士研究生招生考试、高等教育自学考试等国家教育考试过程中因违纪、作弊所受处罚情况。对弄虚作假者，将按照《国家教育考试违规处理办法》《普通高等学校招生违规行为处理暂行办法》严肃处理。

6. 报名期间将对考生学历（学籍）信息进行网上校验，考生可上网查看学历（学籍）校验结果。考生可在报名前或报名期间自行登录"中国高等教育学生信息网"（网址：https：//www.chsi.com.cn）查询本人学历（学籍）信息。

未能通过学历（学籍）网上校验的考生，应在招生单位规定时间内按要求完成学历（学籍）核验。

7. 符合第五十二条规定条件并申请享受照顾政策的考生，须在网上报名时按要求填报相关信息，并如实填写少数民族身份及定向就业少数民族地区。报考点对相关考生资格进行初审，招生单位在复试（含调剂）前进行复审。

符合第六十二条规定条件并申请享受初试加分政策的考生，须在网上报名时按要求填报相关信息。有关部门按职责分工进行审核。

未按规定申报的，不享受相应照顾或加分政策。

8. "少数民族高层次骨干人才计划"招生以考生报名时填报确认的信息为准。

9. 报考"退役大学生士兵"专项硕士研究生招生计划的考生，应为高校学生应征入伍退出现役，且符合硕士研究生报考条件者［高校学生指全日制普通本专科（含高职）、研究生、第二学士学位的应（往）届毕业生、在校生和入学新生，以及成人高校招收的普通本专科（含高职）应（往）届毕业生、在校生和入学新生，下同］。考生报名时应当选择填报退役大学生士兵专项计划，并按要求填报本人入伍前的入学信息以及入伍、退役等相关信息，复试前须向招生单位提供《入伍批准书》和《退出现役证》进行复核。

10. 各省级招生考试机构和招生单位应遵循《无障碍环境建设法》《残疾人教育条例》和全国硕士研究生招生考试组织规则，参照《教育部　中国残联关于印发〈残疾人参加普通高等学校招生全国统一考试管理规定〉的通知》（教学〔2017〕4号）有关要求，积极为残疾人参加考试提供必要支持条件和合理便利。残疾考生如需组考单位在考试期间提供合理考试便利服务，应于报名阶段与报考点所在地省级招生考试机构和招生单位沟通申请，以便提前做好安排。

11. 考生应当认真了解并严格按照报考条件及相关政策要求填报志愿并选择报考点。因不符合报考条件及相关政策要求，造成后续不能网上确认、考试（含初试和复试）或录取的，后果由考生本人承担。

12. 考生应当按要求准确填写个人网上报名信息并提供真实材料。考生因网报信息填写错误、填报虚假信息而造成不能考试（含初试和复试）或录取的，后果由考生本人承担。

13. 考生网上报名成功后，应通过定期查阅省级教育招生考试机构、报考点、招生单位官方网站等方式，主动了解网上确认、考试安排及注意事项等，积极配合完成相关工作。

14. 考生应当按规定缴纳报考费。

（二）网上确认要求

1. 网上确认时间由各省级教育招生考试机构根据国家招生工作安排和本地区报考组织情况自行确定和公布，具体确认工作由相关报考点组织实施。

2. 考生网上确认时应当积极配合报考点，根据核验工作要求提交有关补充材料。

3. 所有考生均应当对本人网上报名信息进行认真核对并确认。报名信息经考生确认后一律不作修改，因考生填写错误引起的一切后果由其自行承担。

4. 考生应当按报考点规定配合采集本人图像等相关电子信息。

二、初试

第三十三条　初试时间为 2023 年 12 月 23 日至 24 日（每天上午 8：30—11：30，下午 14：00—17：00）。考试时间超过 3 小时或有使用画板等特殊要求的考试科目在 12 月 25 日进行（起始时间 8：30，截止时间由招生单位确定，不超过 14：30）。

考试时间以北京时间为准。不在规定日期举行的硕士研究生招生考试，国家一律不予承认。

第三十四条　硕士研究生招生初试一般设置四个单元考试科目，即思想政治理论、外国语、业务课一和业务课二，满分分别为 100 分、100 分、150 分、150 分。

第三十五条　教育学、历史学、医学等门类学术学位硕士研究生初试设置三个单元考试科目，即思想政治理论、外国语、专业基础综合，满分分别为 100 分、100 分、300 分。

体育、应用心理、博物馆、药学、中药、临床医学、口腔医学、中医、公共卫生、护理、医学技术、针灸等专业学位硕士研究生初试设置三个单元考试科目，即思想政治理论、外国语、专业基础综合，满分分别为 100 分、100 分、300 分。

会计、图书情报、工商管理、公共管理、旅游管理、工程管理和审计等专业学位硕士研究生初试设置两个单元考试科目，即管理类综合能力、外国语，满分分别为 200 分、100 分。

第三十六条 硕士研究生招生考试的全国统一命题科目为思想政治理论、英语（一）、英语（二）、俄语、日语、数学（一）、数学（二）、数学（三）、教育学专业基础、心理学专业基础、历史学专业基础、临床医学综合能力（中医）、临床医学综合能力（西医）、数学（农）、化学（农）、植物生理学与生物化学、动物生理学与生物化学、计算机学科专业基础、管理类综合能力、法律硕士专业基础（非法学）、法律硕士综合（非法学）、法律硕士专业基础（法学）、法律硕士综合（法学）、经济类综合能力、教育综合。其中，教育学专业基础、心理学专业基础、历史学专业基础、数学（农）、化学（农）、植物生理学与生物化学、动物生理学与生物化学、计算机学科专业基础、经济类综合能力、教育综合等科目由招生单位统筹考虑本单位实际情况自主选择使用。

医学学术学位硕士研究生初试业务课科目由招生单位按一级学科自主命题。口腔医学专业学位既可选用统一命题的临床医学综合能力科目，也可由招生单位自主命题。

第三十七条 招生单位必须按教育部的有关规定确定考试科目并使用相关试题。

第三十八条 初试方式均为笔试。
12 月 23 日上午 思想政治理论、管理类综合能力
12 月 23 日下午 外国语
12 月 24 日上午 业务课一
12 月 24 日下午 业务课二
12 月 25 日上午 业务课二（考试时间超过 3 小时或有使用画板等特殊要求的）

每科考试时间一般为 3 小时；建筑设计等安排在 12 月 25 日考试的特殊科目考试时间最长不超过 6 小时。详细考试时间、考试科目及有关要求等由报考点和招生单位予以公布。

三、复试

第五十条 复试是硕士研究生招生考试的重要组成部分，用于考查考生的创

新能力、专业素养和综合素质等，是硕士研究生录取的必要环节，复试不合格者不予录取。

第五十一条　复试时间、地点、内容、方式、成绩使用办法、组织管理等由招生单位按教育部有关规定自主确定。复试办法和程序由招生单位公布。招生单位原则上应采用命制多套试题、安排考生随机抽取试题等方式加强复试过程管理。招生单位全部复试工作一般应在录取当年4月底前完成。

第五十二条　教育部按照一区、二区制定并公布参加全国统一考试考生进入复试的初试成绩基本要求。一区包括北京、天津、河北、山西、辽宁、吉林、黑龙江、上海、江苏、浙江、安徽、福建、江西、山东、河南、湖北、湖南、广东、重庆、四川、陕西等21省（市）；二区包括内蒙古、广西、海南、贵州、云南、西藏、甘肃、青海、宁夏、新疆等10省（区）。原则上按学科门类分别划线，工商管理等管理类专业学位将根据情况单独划线。

报考地处二区招生单位且毕业后在国务院公布的民族区域自治地方定向就业的少数民族普通高校应届本科毕业生；或者工作单位和户籍在国务院公布的民族区域自治地方，且定向就业单位为原单位的少数民族在职人员考生，可按规定享受少数民族照顾政策。

第五十三条　招生单位应确定并公布报考本单位的考生进入复试的初试成绩要求（分学科门类或专业的总成绩、单科成绩要求，下同）等。

（一）在教育部划定的初试成绩基本要求基础上，结合生源、招生计划、复试比例等情况，自主确定本单位考生进入复试的初试成绩要求及其他学术要求，但不得出台歧视性或其他有违公平的规定。

经教育部批准的部分招生单位可直接自主划定考生进入复试的初试成绩要求，并报省级教育招生考试机构备案，未经备案的不得公布执行。

相关招生单位自主确定并公布报考本单位临床医学、口腔医学和中医（以下简称临床医学类）专业学位硕士研究生进入复试的初试成绩要求。教育部划定的临床医学类专业学位硕士研究生初试成绩基本要求供招生单位参考。

招生单位自主划定或确定的总分要求低于教育部划定的初试成绩基本要求的专业，下一年度不得扩大该专业招生规模（不含"退役大学生士兵"专项计划）。

（二）自主确定"退役大学生士兵"专项计划考生进入复试的初试成绩要

求、该计划接受考生调剂的初试成绩要求。

（三）自主确定参加单独考试的考生进入复试的初试成绩要求。

第五十四条　对初试公共科目成绩略低于全国初试成绩基本要求，但专业科目成绩特别优异或在科研创新方面具有突出表现的考生，可允许其破格参加第一志愿报考单位第一志愿专业复试（以下简称破格复试）。

破格复试应优先考虑基础学科、艰苦专业以及国家急需但生源相对不足的学科、专业。对一志愿合格生源不足的专业，招生单位要积极做好调剂工作，不得单纯为完成招生计划或保护一志愿生源而降低标准进行破格复试。合格生源（含调剂生源）充足的招生专业一般不再进行破格复试。破格复试考生不得调剂。

破格复试办法、程序及相关考生名单须经招生单位研究生招生工作领导小组研究审定。

第五十五条　复试采取差额形式，招生单位自主确定复试差额比例并提前公布，差额比例一般不低于120%，合格生源比例不足的，按实际合格生源数组织复试。

招生单位要按照教育部有关规定制订本单位的复试录取办法和各院系实施细则，提前在本单位网站向社会公布并严格执行。复试录取办法中应当明确考生进入复试的初试成绩和其他学术要求，以及复试、调剂、录取等各环节具体规定，特别要明确破格复试条件和程序。未按要求提前公布的复试录取规定一律无效。

第五十六条　招生单位在复试前应当严格采取人证识别及相关信息库数据比对等措施，加强对考生的身份审核及报考专项计划、享受照顾（含加分）政策的资格审核，对不符合规定条件者，不予复试。

少数民族考生身份以报考时查验的身份证为准，复试时不得更改。少数民族地区以国务院有关部门公布的《全国民族区域自治地方简表》为准。

第五十七条　招生单位在复试期间要坚持并完善随机选定考生次序、随机确定导师组组成人员、随机抽取复试试题等管理方式，加强复试过程监管，确保公平公正。

考生应自觉遵守招生单位考场规则及考生所签署的《诚信复试承诺书》等内容，在招生单位复试工作结束前不得对外透露或传播复试试题内容等有关情况。

　　第五十八条　以同等学力参加复试的考生，在复试中须加试至少两门与报考专业相关的本科主干课程。加试科目不得与初试科目相同。加试方式为笔试。报考法律硕士（非法学）、工商管理硕士、公共管理硕士、工程管理硕士或旅游管理硕士的同等学力考生可以不加试。对成人教育应届本科毕业生及复试时尚未取得本科毕业证书的自考和网络教育考生，招生单位可自主确定是否加试，相关办法应在招生章程中提前公布。

　　第五十九条　会计硕士、图书情报硕士、工商管理硕士、公共管理硕士、旅游管理硕士、工程管理硕士和审计硕士的思想政治理论考试由招生单位在复试中进行，成绩计入复试总成绩。

　　第六十条　外国语听力及口语测试均在复试中进行，由招生单位自行组织，成绩计入复试总成绩。

　　第六十一条　招生单位认为有必要时，可对考生再次复试。

　　第六十二条　参加"大学生志愿服务西部计划""三支一扶计划""农村义务教育阶段学校教师特设岗位计划""赴外汉语教师志愿者"等项目服务期满、考核合格的考生，3年内参加全国硕士研究生招生考试的，初试总分加10分，同等条件下优先录取。

　　退役大学生士兵达到报考条件后，3年内参加全国硕士研究生招生考试，初试总分加10分，同等条件下优先录取。报考（含调剂）"退役大学生士兵"专项计划的，不享受退役大学生士兵初试加分政策。在部队荣立二等功以上的退役人员，符合全国硕士研究生招生考试报考条件的，可申请免初试攻读硕士研究生。

　　参加"选聘高校毕业生到村任职"项目服务期满、考核称职以上的考生，3年内参加全国硕士研究生招生考试的，初试总分加10分，同等条件下优先录取，其中报考人文社科类专业研究生的，初试总分加15分。

　　加分项目不累计，同时满足两项以上加分条件的考生按最高项加分。各省级教育招生考试机构、各招生单位应严格规范执行硕士研究生招生考试的初试总分加分政策，除教育部统一规定的范围和标准外，不得擅自扩大范围、另设标准。

第六十三条 考生体检工作由招生单位在考生拟录取后组织进行。招生单位根据《残疾人教育条例》和《教育部办公厅 卫生部办公厅关于普通高等学校招生学生入学身体检查取消乙肝项目检测有关问题的通知》（教学厅〔2010〕2号）等文件规定，参照《教育部、卫生部、中国残疾人联合会关于印发〈普通高等学校招生体检工作指导意见〉的通知》（教学〔2003〕3号）要求，结合招生专业实际情况，提出本单位体检要求。

四、调剂

第六十四条 招生单位在第一志愿合格生源不足时，可组织开展调剂工作。招生单位接收所有调剂考生（含报考"退役大学生士兵"专项计划与普通计划之间调剂的考生等）均须通过教育部"全国硕士生招生复试调剂服务系统"进行，严禁通过其他渠道接收调剂考生。

第六十五条 开展调剂的招生单位应当按教育部有关政策以及本单位学科建设和发展需要，坚持"公平、公正、公开"的原则，科学、规范制订调剂工作办法，并提前在"全国硕士生招生复试调剂服务系统"和本单位网站公布。

招生单位调剂工作办法应明确接受考生调剂的时间、基本要求（含考生第一志愿专业范围、初试科目、初试成绩要求等，其中初试成绩含加分）、工作程序、复试办法（含考生进入复试的遴选规则）、咨询渠道等信息，报本单位招生工作领导小组审定，其中涉及考生第一志愿专业范围等学术要求的，须先经本单位学位评定委员会或学术委员会审核同意，确保科学性。调剂考生初试成绩须符合第一志愿报考专业在调入地区的全国初试成绩基本要求，并符合调入专业的报考条件。原则上，调剂考生第一志愿专业与调入专业相同相近，或初试科目与调入专业初试科目相同相近。

招生单位要规范制订调剂考生进入复试的遴选规则，不得将考生第一志愿报考单位、毕业院校、提交调剂志愿的时间先后顺序等非学业水平标准作为遴选依据。对申请同一招生单位同一专业、初试科目完全相同的调剂考生，招生单位应当按考生初试成绩择优遴选进入复试的考生。招生单位研究生招生管理部门统一管理本单位调剂工作，统一审核院（系、所）调剂细则、统一发布调剂信息、统一监督巡查、统一审核调剂复试及录取名单、统一办理相关手续。

省级教育行政部门、教育招生考试机构要加强对属地招生单位调剂办法、调剂录取名单的审核，及对调剂工作的监督。

第六十六条 第一志愿报考以下专业（或专项计划）应遵循相关调剂要求。

（一）报考照顾专业（指工学照顾专业、中医学、中西医结合、中医硕士、体育学、体育硕士，教育部将根据国家战略需要、社会发展需求、考生报考情况等因素适时调整，下同）的考生若调剂出本类照顾专业，其初试成绩必须达到调入地区该照顾专业所在学科门类的全国初试成绩基本要求。

报考非照顾专业的考生若调入照顾专业，其初试成绩必须符合调入地区对应的非照顾专业所在学科门类的全国初试成绩基本要求。

工学照顾专业之间，中医学、中西医结合与中医硕士之间，体育学与体育硕士之间调剂，按本类照顾专业全国初试成绩基本要求执行。

（二）报考工商管理、公共管理、旅游管理、工程管理、会计、图书情报、审计专业学位硕士的考生，在满足调入专业报考条件、且初试成绩同时符合调出专业和调入专业在调入地区的全国初试成绩基本要求的基础上，可申请相互调剂，但不得调入其他专业；报考其他专业的考生不得调入以上专业。

（三）报考"退役大学生士兵"专项计划的考生，申请调剂到普通计划，其初试成绩须达到调入地区相关专业所在学科门类的全国初试成绩基本要求。符合条件的，可按规定享受退役大学生士兵初试加分政策。

报考普通计划的考生，若符合"退役大学生士兵"专项计划报考条件，可申请调剂到该专项计划，其初试成绩须符合相关招生单位确定的接受"退役大学生士兵"专项计划考生调剂的初试成绩要求。对于"退役大学生士兵"专项计划和普通计划之间的调剂，招生单位须严格按照调剂程序和要求组织，不得直接改变考生志愿、调整计划类型进行复试录取。

（四）招生单位自主确定并公布本单位接受报考其他单位临床医学类专业学位硕士研究生调剂的成绩要求。教育部划定临床医学类专业学位硕士研究生初试成绩基本要求作为报考临床医学类专业学位硕士研究生的考生调剂到其他专业的基本成绩要求。

报考临床医学类专业学位硕士研究生的考生可按相关政策调剂到其他专业，报考其他专业（含医学学术学位）的考生不可调剂到临床医学类专业学位。

（五）报考法律（非法学）专业学位硕士的考生不得调入其他专业，其他专业的考生也不得调入该专业。

（六）报考"少数民族高层次骨干人才计划"的考生不得调剂到该计划以外

录取；未报考的不得调剂入该计划录取。

（七）参加单独考试（含强军计划、援藏计划）的考生不得调剂。

第六十七条　招生单位应充分利用"全国硕士生招生复试调剂服务系统"、咨询电话等渠道为调剂考生做好政策宣传解读、咨询答复等服务保障工作。

招生单位应根据本单位复试录取情况，通过本单位官方网站和"全国硕士生招生复试调剂服务系统"及时、准确发布招生计划余额信息。严禁招生单位任何工作人员和学生未经单位授权擅自发布调剂信息。

招生单位通过"全国硕士生招生复试调剂服务系统"自主设定调剂系统持续时间、考生调剂志愿锁定时间等，并在时间安排上为考生提供合理便利。其中，每次开放调剂系统持续时间不得低于 12 小时，考生调剂志愿锁定时间不得超过 36 小时。锁定时间到达后，如招生单位未明确受理意见，系统自动解除锁定，考生可继续填报其他志愿。

招生单位发布需考生确认拟录取或复试通知时，需充分考虑考生学习、工作、休息时间等因素作出合理安排，给考生预留充裕的确认时间。对于没有按时确认的考生，招生单位应通过电话、短信、邮件等方式逐一联系确认，不得简单以"逾期不接受视为自行放弃"对待。

第四节　考研推荐阅读书目

此处仅列学科教育（语文）和国际中文教育两个专业的阅读书目，其他专业可参见各课程学习导论所附阅读书目。

一、学科教育（语文）推荐阅读书目

［1］［美］小威廉姆·E. 多尔著，王红宇译：《后现代课程观》，教育科学出版社，2002 年。

［2］［加］史密斯著，郭洋生译，张华审核：《全球化与后现代教育学》，教育科学出版社，2000 年。

［3］张华：《课程与教学论》，上海教育出版社，2000 年。

［4］［德］雅斯贝尔斯著，邹进译：《什么是教育》，生活·读书·新知三联书店，1991年。

［5］［美］Bruce Joyce等著，荆建华等译：《教学模式》，中国轻工业出版社，2009年。

［6］［美］古德、布罗菲著，陶志琼等译：《透视课堂》，中国轻工业出版社，2002年。

［7］［日］佐藤学著，李季湄译：《静悄悄的革命：创造活动、合作、反思的综合学习课程》，长春出版社，2003年。

［8］［美］加里·D.鲍里奇著，易东平译：《有效教学方法》，江苏教育出版社，2002年。

［9］［加］马克斯·范梅南著，李树英译：《教学机智——教育智慧的意蕴》，教育科学出版社，2001年。

［10］钟启泉、崔允漷主编：《新课程的理念与创新（师范生读本）》，高等教育出版社，2003年。

［11］靳健：《后现代文化视界的语文课程与教学论》，甘肃教育出版社，2006年。

［12］倪文锦主编：《语文教育展望》，华东师范大学出版社，2002年。

［13］王荣生：《语文科课程论基础》，上海教育出版社，2006年。

［14］倪文锦主编：《新编语文课程与教学论》，华东师范大学出版社，2006年。

［15］林存华编著：《听课的变革》，教育科学出版社，2007年。

［16］郑金洲编著：《说课的变革》，教育科学出版社，2007年。

［17］沈毅、崔允漷主编：《课堂观察：走向专业的听评课》，华东师范大学出版社，2009年。

［18］区培民：《语文课堂教学行为研究及案例》，江西教育出版社，2009年。

［19］王尚文主编：《语文教学对话论》，浙江教育出版社，2004年。

［20］姚素珍：《香港中学文学教学研究》，广东教育出版社，2006年。

［21］张永德：《香港小学文学教学研究》，广东教育出版社，2006年。

［22］蔡美惠：《台湾中学国文教学研究》，广东教育出版社，2006年。

［23］李山林：《语文课程与教学论案例教程》，湖南师范大学出版社，2006年。

［24］王荣生主编：《走进课堂——高中语文必修课例分析》，高等教育出版社，2006年。

［25］李镇西：《听李镇西老师讲课》，华东师范大学出版社，2005年。

［26］袁卫星：《听袁卫星老师讲课》，华东师范大学出版社，2005年。

［27］窦桂梅：《听窦桂梅老师讲课》，华东师范大学出版社，2005 年。

［28］韩军：《听韩军老师讲课》，华东师范大学出版社，2006 年。

［29］余映潮：《听余映潮老师讲课》，华东师范大学出版社，2006 年。

［30］郭初阳：《言说抵抗沉默：郭初阳课堂实录》，华东师范大学出版社，2006 年。

［31］郑桂华：《听郑桂华老师讲课》，华东师范大学出版社，2007 年。

［32］王荣生：《听王荣生教授评课》，华东师范大学出版社，2007 年。

［33］雷玲主编：《好课是这样炼成的——品读名师经典课堂（语文卷）》，华东师范大学出版社，2007 年。

［34］雷玲主编：《名师教学机智例谈（语文卷)》，华东师范大学出版社，2007 年。

［35］王爱娣：《美国语文教育》，广西师范大学出版社，2007 年。

［36］钱理群：《语文教育门外谈》，广西师范大学出版社，2003 年。

［37］钱理群：《名作重读》，上海教育出版社，2006 年。

［38］洪宗礼等主编：《母语教材研究（全十卷)》，江苏教育出版社，2008 年。

［39］郑桂华、王荣生主编：《语文教育研究大系（1978—2005）·中学教学卷》，上海教育出版社，2007 年。

［40］王富仁：《语文教学与文学》，广东教育出版社，2006 年。

［41］孙绍振：《名作细读》，上海教育出版社，2006 年。

［42］王荣生：《新课标与"语文教学内容"》，广西教育出版社，2004 年。

［43］张隆华、曾仲珊：《中国古代语文教育史》，四川教育出版社，2000 年。

［44］李杏保、顾黄初：《中国现代语文教育史》，四川教育出版社，2000 年。

［45］张田若、陈良璜、李卫世：《中国当代汉字认读与书写》（第二版），四川教育出版社，2000 年。

［46］韩雪屏：《中国当代阅读理论与阅读教学》（第二版），四川教育出版社，2000 年。

［47］张鸿苓：《中国当代听说理论与听说教学》（第二版），四川教育出版社，2000 年。

［48］章熊：《中国当代写作与阅读测试》（第二版），四川教育出版社，2000 年。

二、国际中文教育专业推荐阅读书目

[1] 国家汉语国际推广领导小组办公室编:《国际汉语能力标准》,外语教学与研究出版社,2007 年。

[2] 国家汉语国际推广领导小组办公室编:《国际汉语教学通用课程大纲》,外语教学与研究出版社,2008 年。

[3] 孔子学院总部/国家汉办编:《国际汉语教师标准》,外语教学与研究出版社,2015 年。

[4] [美] 本杰明·李·沃尔夫著,高一虹等译:《论语言、思维和现实:沃尔夫文集》,湖南教育出版社,2001 年。

[5] [美] 霍凯特著,索振羽、叶蜚声译:《现代语言学教程》,北京大学出版社,2002 年。

[6] [英] 伯纳德·科姆里著,沈家煊、罗天华译:《语言共性和语言类型》(第二版),北京大学出版社,2010 年。

[7] 教育部高教司组编,张岱年、方克立主编:《中国文化概论》,北京师范大学出版社,2004 年。

[8] 郭锦桴:《汉语与中国传统文化》,商务印书馆,2010 年。

[9] 葛兆光:《古代中国文化讲义》,复旦大学出版社,2012 年。

[10] [美] 塞缪尔·亨廷顿著,周琪等译:《文明的冲突》,新华出版社,2017 年。

[11] 毕继万:《跨文化交际与第二语言教学》,北京语言大学出版社,2009 年。

[12] 李庆本等编著:《中外文化比较与跨文化交际》,北京语言大学出版社,2014 年。

[13] 祖晓梅:《跨文化交际》,外语教学与研究出版社,2015 年。

[14] 赵长征、刘立新编著:《中华文化与传播》,外语教学与研究出版社,2015 年。

[15] 徐子亮、吴仁甫:《实用对外汉语教学法》,北京大学出版社,2005 年。

[16] 李泉主编:《对外汉语课程、大纲与教学模式研究》,商务印书馆,2006 年。

[17] 陆庆和:《实用对外汉语教学语法》,北京大学出版社,2006 年。

[18] 吴中伟主编,陈钰等编:《汉语作为第二语言教学:汉语技能教学》,外语教学与研究出版社,2014 年。

［19］毛悦主编，刘长征等编著：《汉语作为第二语言教学：汉语要素教学》，外语教学与研究出版社，2014年。

［20］叶军主编：《国际汉语教学案例分析与点评》，外语教学与研究出版社，2015年。

［21］王建勤主编：《第二语言习得研究》，商务印书馆，2009年。

［22］王建勤主编：《汉语作为第二语言的学习者习得过程研究》，商务印书馆，2006年。

［23］赵杨：《第二语言习得》，外语教学与研究出版社，2015年。

［24］吴文侃主编：《比较教学论》，人民教育出版社，1998年。

［25］［德］O. F. 博尔诺夫著，李其龙译：《教育人类学》，华东师范大学出版社，1999年。

［26］［加］马克斯·范梅南著，李树英译：《教学机智——教育智慧的意蕴》，教育科学出版社，2001年。

［27］［美］加里·D. 鲍里奇著，易东平译，吴康宁校：《有效教学方法》（第四版），江苏教育出版社，2002年。

［28］［美］梅雷迪斯·D. 高尔等著，许庆豫等译：《教育研究方法导论》（第六版），江苏教育出版社，2002年。

［29］刘珣：《对外汉语教育学引论》，北京语言大学出版社，2000年。

［30］赵金铭主编：《对外汉语教学概论》，商务印书馆，2004年。

［31］周小兵主编：《对外汉语教学入门》（第二版），中山大学出版社，2009年。

［32］周健主编：《汉语课堂教学技巧与游戏》，北京语言大学出版社，2006年。

［33］陈宏、吴勇毅、曹文：《对外汉语课堂教学教案设计》，华语教学出版社，2003年。

［34］李珠、姜丽萍：《怎样教外国人汉语》，北京语言大学出版社，2008年。

［35］闻亭等：《国际汉语课堂管理》，高等教育出版社，2013年。

［36］Victor Siye、Sihuan、John Tian：《中文游戏大本营：游戏课堂100例》，北京大学出版社，2010年。

［37］朱勇主编：《国际汉语教学案例与分析》（修订本），高等教育出版社，2015年。

［38］朱勇主编：《国际汉语教学案例争鸣》，高等教育出版社，2015年。

［39］赵金铭主编，翟艳等编：《汉语可以这样教——语言技能篇》，商务印书馆，2006年。

［40］崔希亮主编：《对外汉语综合课优秀教案集》，北京语言大学出版社，2010 年。

［41］胡波：《汉语听力课教学法》，北京语言大学出版社，2007 年。

［42］刘颂浩：《汉语听力教学理论与方法》，北京大学出版社，2008 年。

［43］周小兵、张世涛、干红梅：《汉语阅读教学理论与方法》，北京大学出版社，2008 年。

［44］柯传仁：《汉语口语教学》，北京大学出版社，2012 年。

［45］罗青松：《对外汉语写作教学研究》，中国社会科学出版社，2002 年。

［46］翟艳、苏英霞编著：《汉语作为第二语言技能教学》，北京大学出版社，2010 年。

［47］郑艳群：《汉语多媒体教学课件设计》，北京语言大学出版社，2009 年。

［48］吕叔湘主编：《现代汉语八百词》（修订版），商务印书馆，2003 年。

［49］卢福波：《对外汉语教学实用语法》（修订本），北京语言大学出版社，2011 年。

［50］彭小川、李守纪、王红：《对外汉语教学语法释疑 201 例》，商务印书馆，2004 年。

［51］张和生主编，白荃等编：《汉语可以这样教——语言要素篇》，商务印书馆，2006 年。

［52］宋海燕：《国际汉语语音与语音教学》，高等教育出版社，2013 年。

［53］杜道明编著：《汉语作为第二语言教学文化概说》，北京大学出版社，2008 年。

［54］戴晓东：《跨文化交际理论》，上海外语教育出版社，2011 年。

［55］陈国明：《跨文化交际学》，华东师范大学出版社，2009 年。

［56］刘颂浩：《第二语言习得导论》，世界图书出版公司，2007 年。

［57］丁安琪：《汉语作为第二语言学习者研究》，世界图书出版公司，2010 年。

［58］徐碧美著，际静、李忠如译：《追求卓越——教师专业发展案例研究》，人民教育出版社，2003 年。

［59］［苏］苏霍姆林斯基：《给教师的建议》，教育科学出版社，1984 年。

［60］库玛著，陶健敏译：《超越教学法：语言教学的宏观策略》，北京大学出版社，2013 年。

［61］刘弘编著：《国际汉语教师入职必修十课》，商务印书馆，2015 年。

后 记

　　《文学院专业学习导论》一书编写的初衷是为即将踏入汉语言文学领域的学子们提供快速、全面、深入的入门指南，帮助他们建立起对这门学科的初步认识和兴趣。在编写过程中，文学院的老师们依据每年修订的人才培养方案，反复修改，倾注了无数的心血。

　　在编写本书的过程中，我们得到了许多同行和前辈的宝贵建议，也收到了学生们的积极反馈。我们深感荣幸，也深知责任重大，希望这本书能够成为学生们学习汉语言文学的良师益友，为他们未来的学术探索和职业发展打下坚实的基础。

　　本书由广州华商学院文学院的老师们编写，感谢他们的辛勤工作和无私奉献。陈少华教授承担了本书的统稿工作；徐桃教授、刘亚娟副教授、于丹丹副教授承担了本书的审阅工作；蒋业勇、周远军、邹蕙鸾、门学坤、薛芳等老师承担了不同章节的汇编工作。具体内容的撰写分工如下：

　　徐桃负责汉语言文学专业简介、专业课程设置；

　　王忠慧、李雅洁负责汉语国际教育专业简介、专业课程设置；

　　司马晓雯负责写作学课程学习导论；

　　王忠慧负责现代汉语课程学习导论；

　　张先坦负责古代汉语课程学习导论；

　　李斐负责语言学概论课程学习导论；

　　李保民负责文学概论课程学习导论；

　　戴城乡负责美学概论课程学习导论；

　　王树林负责中国古代文学课程学习导论；

　　姚新勇负责中国现代文学课程学习导论；

　　刘亚娟负责中国当代文学课程学习导论；

　　蒋家国负责外国文学课程学习导论；

　　张献荣负责中国文化概要课程学习导论；

　　吴钰婷负责汉语国际教育概论课程学习导论；

　　李雅洁负责语言教学法课程学习导论。

同时，我们也要感谢暨南大学出版社的支持，感谢武艳飞主任和林玉翠编辑，她们的专业和耐心让本书得以顺利出版。

我们期待读者们对本书的反馈，以便我们在未来能够不断改进和完善。愿《文学院专业学习导论》能够伴随每一位学子，开启他们对文学的热爱之旅。

编 者

2024 年 9 月 20 日